이야기로 배우는

신나는
급수 한자

김향림 저

6급 2

시사중국어사

저자

김향림

중앙대학교 중어학과 졸업
한국외국어대학교 중국어교육학과 졸업

(전) 수원과학대학교 중국어 강의
　　　 리라유치원 한자 강의
(현) 리라초등학교 중국어 교과전담
　　　 리라초등학교 방과후 한자 전담
　　　 청강문화산업대학교 중국어 강의

광양중, 광양고, 수도여고, 대일디자인관광고등학교,
해성여자고등학교, 가천대학교 중국어 강의

이야기로 배우는 신나는 급수 한자 6급 2

초판인쇄	2017년 8월 1일
초판발행	2017년 8월 10일
저자	김향림
펴낸이	엄태상
책임 편집	박은경, 전유진, 최미진, 가석빈, 하다능, 高霞
디자인	이건화
내지 일러스트	김민주, 이유진
마케팅	이상호, 오원택, 이승욱, 전한나, 왕성석
온라인 마케팅	김마선, 심유미, 유근혜
펴낸곳	시사중국어사
주소	서울시 종로구 자하문로 300 시사빌딩
주문 및 교재문의	1588-1582
팩스	(02)3671-0500
홈페이지	www.sisabooks.com
이메일	sisachinabook@hanmail.net
등록일자	1988년 2월 13일
등록번호	제1 - 657호

ISBN 979-11-5720-073-3 64710
　　　 979-11-5720-068-9(set)

"피카츄! 다음 한자 시간에 선생님이 꼬~옥 나를 시켜주셨으면 좋겠어~ 꼬~옥 들어줘야 해!"

한자 시간에 한자를 다 배우고 난 다음 학생들이 나와서 배운 한자를 쓰는 시간인데, 시간은 정해져 있고 학생들이 서로 써보겠다고 해서 결국 몇 학생만 나와서 써보고 자기 자리로 들어갑니다. 한자를 써보지 못하고 앉아있던 학생이 속이 상했는지 일기장에 써 놓은 내용입니다.

"선생님~ 팔방미인은 날 수도 있어요?"

여덟 팔(八)를 배우고 이 글자가 들어가는 낱말에는 팔방미인이 있다고 설명합니다. 그 때 바로 질문이 들어옵니다. "못하는 게 없이 이것저것 다 잘하는 사람을 보고 팔방미인이라고 하는 거예요." 말이 끝나기가 무섭게 빛의 속도로 들어오는 질문 하나! "어~~그러면 팔방미인은 날 수도 있어요?"라고 물어봅니다.

"선생님은 한자 나라에서 왔어요? 한자 나라에는 얼마나 많은 한자들이 있어요?"

수업시간에 배운 한자를 열심히 쓰고 있던 한 친구가 옆을 지나가던 저에게 조용히 물어봅니다.

"선생님~ 이 한자 처음 봤을 때는 어려웠는데, 책의 그림을 보고 선생님 설명 들으니 정말 쉬워요!"

한자 수업 시간은 이렇게 재미있는 사건들과 다양한 생각들이 오가는 즐거운 시간입니다.
수업 시간에 학생들의 귀여운 표정 하나하나를 살펴보고 있으면 그 귀여운 표정을 따라서 저도 학생들의 생각 속으로 따라 들어갑니다.

한자는 어렵다는 생각 때문에 한자 배우기를 두려워하는 학생들이 많습니다. 그렇지만 한자를 배우면서 재미있어 하고, 한자가 만들어진 유래들 듣고 생각해 보면서 상상력이 더 풍부해지기도 하는 시간이 한자 시간입니다. 한자를 배우고 난 후, 그 한자들로 만들어진 한자 어휘를 공부하면서 배우는 기쁨이 더해지고 신기해 합니다.

초등학교 저학년 때는 문제 없지만, 점점 학년이 올라가면서 과목도 많아지고 교과서에도 모르는 어휘들이 수두룩하게 나와 힘들어 하는 친구들이 많습니다. 그 모르는 어휘들은 한자로 이루어진 한자어가 대부분입니다. 한자를 아는 친구들은 낯선 한자어들이 나와도 배운 한자에 살을 붙여 가며, 한자어를 공부하던 습관이 생겨서 가벼운 마음으로 즐겁게 공부할 수 있습니다.

우리 학교에는 꼭 스승의 날이 아니더라도 모교를 찾아오는 졸업생들이 많습니다. 졸업생들이 한자를 배워서 도움이 되었다고 이구동성으로 이야기합니다. 한자를 배워놓으니 중, 고등학교 때는 물론이고, 수능을 볼 때 언어영역에서 많은 도움이 되었다는 말을 많이 합니다. 학생들의 이런 말을 들을 때면 그 어느 때보다 보람도 느껴지면서 "더 열심히 해야겠다"라는 생각이 듭니다.

"시무룩한 얼굴로 들어가 즐거운 마음으로 나오는 수업 시간은?"
어린이들이 좋아하는 수수께끼로 만들어 보았는데요~ 모든 학생의 답이 "한자 시간"이라는 말이 나올 수 있게 즐거운 수업, 재미있는 교재를 만들기 위해 노력하겠습니다. 감사합니다.

김향림

8급	읽기 한자 50자, 쓰기 한자 없음 유치원생이나 초등학생에게 한자 학습의 동기 부여를 위한 급수 단계
7급 II	읽기 한자 100자, 쓰기 한자 없음 8급을 합격하거나 8급한자를 학습한 후, 7급을 준비하는 초급 단계
7급	읽기 한자 150자, 쓰기 한자 없음 한자 공부를 처음 시작하는 초급 단계
6급 II	읽기 한자 225자, 쓰기 한자 50자 한자 쓰기를 시작하는 첫 급수 단계
6급	읽기 한자 300자, 쓰기 한자 150자 기초 한자 쓰기를 시작하는 급수 단계
5급 II	읽기 한자 400자, 쓰기 한자 225자 6급과 5급의 격차를 해소하기 위한 급수 단계
5급	읽기 한자 500자, 쓰기 한자 300자 일상생활 속의 한자를 사용하여 쓰기 시작하는 급수 단계
4급 II	읽기 한자 750자, 쓰기 한자 400자 5급과 4급의 격차를 해소하기 위한 급수 단계
4급	읽기 한자 1000자, 쓰기 한자 500자 초급에서 중급으로 올라가는 급수 단계

한국어문회-한자능력검정시험이란?

사단법인 한국어문회에서 주관하고, 한국한자능력검정회가 시행하는 한자 활용능력시험을 말합니다. 1992년 12월 9일 1회 시험을 시작으로 2001년 1월 1일 이후, 국가 공인 자격시험(3급II~특급)으로 치러지고 있습니다.

한자능력검정시험은 어떻게 응시하나요?

* **주관**: 사단법인 한국어문회(02-1566-1400)
* **시행**: 한국한자능력검정회
* **(방문)접수처**: **서울** 서울특별시 서초구 서초1동 1627-1 교대벤처타워 401호 한국한자능력검정회
    기타 지역 한자능력검정시험 지역별 접수처 및 응시처 참조
* **(방문)접수 시 준비물**: 반명함판 사진 3매(3X4cm · 무배경 · 탈모), 응시료, 한자 이름, 주민등록번호, 급수증 수령 주소
* **(인터넷)접수 사이트**: www.hanja.re.kr
* **(인터넷) 접수 시 준비물**: 반명함 사진 이미지, 검정료 결제를 위한 신용 카드, 계좌 이체의 결제 수단, 한자 이름, 주민등록번호, 급수증 수령 주소

한자능력검정시험에는 어떤 문제가 나오나요?

구분	8급	7 II급	7급	6 II급	6급	5 II급	5급	4 II급	4급
읽기 배정 한자	50	100	150	225	300	400	500	750	1,000
쓰기 배정 한자	0	0	0	50	150	225	300	400	500
독음	24	22	32	32	33	35	35	35	32
훈음	24	30	30	29	22	23	23	22	22
장단음	0	0	0	0	0	0	0	0	3
반의어	0	2	2	2	3	3	3	3	3
완성형	0	2	2	2	3	4	4	5	5
부수	0	0	0	0	0	0	0	3	3
동의어(유의어)	0	0	0	0	2	3	3	3	3
동음이의어	0	0	0	0	2	3	3	3	3
뜻풀이	0	2	2	2	2	3	3	3	3
약자	0	0	0	0	0	3	3	3	3
필순	2	2	2	3	3	3	3	0	0
한자 쓰기	0	0	0	10	20	20	20	20	20

✻ 출제기준표는 기본 지침 자료로서, 출제자의 의도에 따라 차이가 있을 수 있습니다.
✻ 상위 급수 한자는 하위 급수 한자를 모두 포함하고 있습니다.
✻ 쓰기 배정 한자는 한두 급수 아래의 읽기 배정 한자이거나 그 범위 내에 있습니다.

한자능력검정시험의 합격 기준을 알고 싶어요!

급수별 합격기준	교육 급수								
	8급	7 II급	7급	6 II급	6급	5 II급	5급	4 II급	4급
출제 문항 수	50	60	70	80	90	100			
합격 문항 수	35	42	49	56	63	70			
시험 시간	50분								

한자능력검정시험에 합격하면 좋은 점!

✻ 3급II~특급은 국가 공인자격증으로, 이 급수를 취득하면 초, 중, 고등학교 생활기록부의 자격증란에 기재되고,
   4급~8급을 취득하면 세부능력 및 특기사항란에 기재됩니다.
✻ 대학 입학 수시 모집 및 특기자 전형에 지원이 가능합니다.
✻ 대학 입시 면접에서 가산점 부여 및 졸업 인증, 학점 반영 등의 혜택이 주어집니다.
✻ 2005년 수능부터 제2외국어 영역에 한문 영역이 추가되었습니다.

8급	선정 한자 30자, 교과서 한자어 20자(13단어)
7급	선정 한자 50자, 교과서 한자어 70자(43단어)
6급	선정 한자 70자, 교과서 한자어 100자(62단어)
준5급	선정 한자 150자, 교과서 한자어 100자(62단어)
5급	선정 한자 300자, 교과서 한자어 150자(117단어)
준4급	선정 한자 500자, 교과서 한자어 200자(139단어)
4급	선정 한자 700자, 교과서 한자어 200자(156단어)
준3급	선정 한자 1000자, 교과서 한자어 350자(305단어)

한자교육진흥회–한자자격시험이란?

사단법인 한자교육진흥회에서 주관하고, 한국한자실력평가원이 시행하는 한자 활용능력시험을 말합니다.
기초 한자와 교과서 한자어 평가로 초, 중, 고등학생들에게 학업에 도움을 주며, 교과서에 자주 등장하는 한자어를 분석하여 한자 공부를 할 수 있도록 하고 있습니다.

한자자격시험은 어떻게 응시하나요?

* **주관**: 사단법인 한자교육진흥회 (02-3406-9111)
* **시행**: 한국한자실력평가원
* **(방문) 접수처**: **서울** 서울특별시 중구 저동2가 78번지 을지비즈센터 401호
  기타 지역 한자자격시험 지역별 접수처 및 응시처 참조
* **(방문) 접수 시 준비물**: 반명함판 사진 1매(3X4cm · 무배경 · 탈모), 응시료, 한자 이름, 주민등록번호, 급수증 수령 주소
* **(인터넷) 접수 사이트**: web.hanja114.org
* **(인터넷) 접수 시 준비물**: 반명함 사진 이미지, 검정료 결제를 위한 신용 카드, 계좌 이체의 결제 수단, 한자 이름,
  주민등록번호, 급수증 수령 주소

한자자격시험에는 어떤 문제가 나오나요?

구분		8급	7급	6급	준5급	5급	준4급	4급	준3급
급수별 선정 한자	훈음	25	25	20	15	15	5	15	15
	독음	25	25	20	15	15	15	15	15
	쓰기	0	0	10	20	20	20	20	20
	기타	15	15	15	15	15	15	15	15
교과서 실용 한자어	독음	15	15	15	15	15	15	15	15
	용어뜻	10	10	10	10	10	10	10	10
	쓰기	0	0	0	0	0	0	0	0
	기타	10	10	10	10	10	10	10	10

한자자격시험의 합격 기준을 알고 싶어요!

급수별 합격기준	교육급수							
	8급	7급	6급	준5급	5급	준4급	4급	준3급
출제 문항 수	50	50	80	100	100	100	100	100
합격 득점(%)	70%이상							
시험 시간(분)	60분							

한자능력검정시험의 특징

* 한자사용능력을 종합적으로 평가합니다.
* 사고력과 어휘력을 향상시킵니다.
* 학업성적 향상에 기여합니다.
* 교과학습능력을 신장시킵니다.

한자능력검정시험의 우수성

우리나라 학생들 중 상다수가 교과서에 나오는 단어(한자어)의 정확한 뜻을 이해하지 못해 학업 성적이 떨어질 수 있다는 사실을 아십니까?

한국한자실력평가원에서 시행하는 한자자격시험은 한자와 한자어를 자연스럽게 익히게 하여 풍부한 어휘력과 사고력, 표현력을 향상시키는 데 도움을 줍니다.

구성과 특징

한자 훈·음 익히기!
한자의 뜻과 음을 먼저 보고
배울 한자를 미리 생각해봐요.

그림으로 익히기!!
한자의 뜻과 음을 익힌 후, 그림을
보며 연상하여 한자까지 익혀 봐요!

어문회, 진흥회를 함께!
어문회 6급 배정 한자와
진흥회 6급 선정 한자를
한번에 모두 익힐 수 있어요.
* 어문회 배정 한자는 "어",
진흥회 배정 한자는 "진"으로
표시했어요.

한자의 자원 풀이~
한자가 만들어지는 과정
과 풀이를 통해 한자를
쉽게 기억할 수 있어요.

부수와 총획 제시!
한자의 부수와 총획도 문
제도 거뜬히 풀 수 있어요.

한자 쓰기!
필향과 필순을 정확하게
익혀서 쓸 수 있어요.

생활 속 한자!
실생활 속에서 사용되는 한자를 예
문을 통해 활용 학습이 가능하도록
하였어요!
흐리게 된 글씨는 따라 써 보며 다시
한번 익힐 수 있어요.

한자 속 한자

향할 향

뜻은 향하다이고, 향이라고 읽어요.

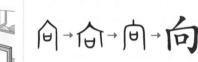

집을 지을 때 집안에 햇빛을 많이 들이기 위해 정면은
남쪽을 향하여 있고, 창문은 북쪽으로 향하여 있는 모
습에서 '향하다'라는 뜻을 나타냅니다.

어 진
向
▶훈 향할 음 향
(부수 口, 총 6획)

향할 향

흐린 색의 글씨를 따라 써보세요.

생활 속 한자

- 이 집은 南向(남향)이라 겨울에 따뜻합니다.
- 신문을 읽으면 세상 돌아가는 動向(동향)을 잘 알 수 있습니다.

122

8

이야기 속 한자!

승빈이와 토팡이의 재미있는
이야기를 읽으며 이야기 속에
숨어 있는 한자들을 그림에서
찾아 보아요~

한자 예고편!

과에서 배울 한자들을 미리
한눈에 보며 익힐 수 있어요.

리듬 속 한자!

앞에서 학습한 한자들을 리듬
에 맞춰 정리 복습하면서 머릿
속에 쏘~~옥!! 절대 잊어버리
지 않아요!

* 챈트 음원은 시사중국어사 홈페이지
(book.chinasisa.com)에서 무료로 다운
로드 하실 수 있습니다.

게임 속 한자!

여러 가지 활동들을
통해 배운 한자들을
확인해 보아요~

문제 속 한자!

다양한 문제 유형들로
배운 한자들을 점검해
보아요~

실전 속 한자!
어문회 편!

앞에서 배운 한자들을 실제 시험
문제 유형으로 풀어보며 실전 대비
까지 척척!!

알고 보면 한자어!

진흥회 6급 교과서 한자어를
알기 쉽게 설명해 줘요. 한자
학습의 능률을 높일 수 있는
휴식 코너!

실전 속 한자!
진흥회 편!

앞에서 배운 진흥회 한자,
교과서 한자어로 진흥회 시험도
완벽 대비!

다양한 부록!

6급 시험을 준비할 때 필요한 자료들만 쏙쏙 뽑았어요. 어문회에 자주 출제되는 한자어 및 뜻풀이, 사자성어 등 다양한 부록을 통해 시험 준비를 완벽하게 할 수 있어요.

또박또박 한자 쓰기!

한자는 많이 써 볼수록 외우기 쉬운 법!! 어문회 배정 한자와 진흥회 선정 한자, 진흥회 교과서 한자어까지 충분히 써 볼 수 있어요!

한자 카드!

언제 어디서나 활용할 수 있는 한자 카드! 여러 가지 연습이나 게임에 활용할 수 있어요. 6급에는 "진흥회 한자어 카드"도 있어서 더 다양하게 활용할 수 있어요.

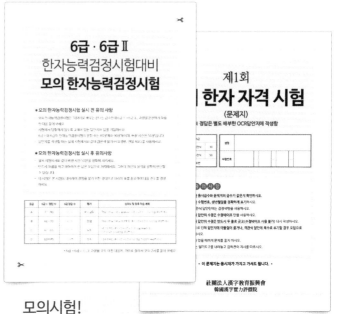

모의시험!

실제 시험 출제 유형과 동일한 형태의 모의시험 3회(어문회 6급Ⅱ·6급, 진흥회 6급)로 실전 감각을 제대로 익힐 수 있어요.

목차

한자 부수(部首)를 보면 뜻이 보여요~

부수(部首)란?

사전에서 한자를 찾는데 필요한 기본 글자로서, 공통점이 있는 한자들끼리 묶어 1획부터 17획까지 모두 214개로 이루어져 있습니다.

그럼 왜 한자 부수(部首)를 공부해야 할까요? 국어를 공부하려면 먼저 자음과 모음을 알아야 하고, 영어를 공부하려면 먼저 알파벳을 알아야 하듯이 한자를 공부하기 위해서는 먼저 부수를 알아야 합니다. 부수는 한자의 최소 글자 단위로서, 한자는 부수와 몸(부수를 제외한 부분)이 합해져서 만들어진 뜻글자입니다.

부수는 한자 형태 안에서 일정한 위치를 차지하고 있는데, 위치에 따라 각각 명칭을 가지고 있는 부수를 여덟 가지 형태로 분류하여 살펴보도록 하겠습니다.

邊(변) : 글자의 왼쪽에 위치하면 '변'이라고 합니다.

亻	사람인변	代(대신할 대)	例(법식 례)	住(살 주)
氵	삼수변	江(강 강)	油(기름 유)	海(바다 해)
木	나무목변	校(학교 교)	植(심을 식)	樹(나무 수)

傍(방) : 글자의 오른쪽에 위치하면 '방'이라고 합니다.

刂	선칼도방	利(이할 리)	別(나눌/ 다를 별)	前(앞 전)
攵	등글월문방	攻(칠 공)	敎(가르칠 교)	放(놓을 방)
阝	우부방	郡(고을 군)	部(떼 부)	邦(나라 방)

頭(머리) : 글자의 위쪽에 위치하면 '머리'라고 합니다.

亠	돼지해머리	交(사귈 교)	京(서울 경)	亡(망할 망)
艹	초두머리	苦(쓸 고)	花(꽃 화)	草(풀 초)
宀	갓머리	家(집 가)	安(편안할 안)	定(정할 정)

脚(발): 글자의 아래쪽에 위치하면 '발'이라고 합니다.

儿	어진사람인발	光(빛 광)	先(먼저 선)	兄(형 형)
心	마음심발	急(급할 급)	感(느낄 감)	愛(사랑 애)
灬	연화발	無(없을 무)	然(그럴 연)	烏(까마귀 오)

广(엄): 글자의 위쪽과 왼쪽을 함께 감싸고 있으면 '엄'이라고 합니다.

厂	민엄호	原(언덕 원)	厚(두터울 후)	厄(재앙 액)
广	엄호	序(차례 서)	庭(뜰 정)	度(법도 도, 헤아릴 탁)
虍	범호엄	處(곳 처)	虎(범 호)	虛(빌 허)

辶(받침): 글자의 왼쪽에서 아래쪽을 함께 감싸고 있으면 '받침'이라고 합니다.

辶	갖은책받침	近(가까울 근)	道(길 도)	遠(멀 원)
廴	민책받침	建(세울 건)	延(늘일 연)	廻(돌 회)

構(에운담 몸): 글자의 전체 둘레를 감싸고 있으면 '몸'이라고 합니다.

口	큰입구몸	國(나라 국)	圖(그림 도)	園(동산 원)
門	문문몸	間(사이 간)	開(열 개)	閉(닫을 폐)
凵	위튼입구몸	出(날 출)	凶(흉할 흉)	
匚	감출혜몸	區(구분할 구)	匹(짝 필)	

諸部首((제부수): 글자 그 자체가 부수인 것을 '제부수'라고 하고, 이러한 글자를 '제부수자' 또는 '부수자'라고 하고, 주로 상형자나 지사자가 해당됩니다.

角(뿔 각)	金(쇠 금/성 김)	高(높을 고)
車(수레 거)	立(설 립/입)	山(메 산)
身(몸 신)	用(쓸 용)	言(말씀 언)

6급 배정 한자

*6급 Ⅱ 배정 한자에는 ★을 붙였습니다.

승빈이는 한자 공부를 하다가 한자 무술을 수련하고 있는 오공이를 만나서 한자 무술을 배우고 싶었어요. 토팡이는 이런 승빈이의 마음을 어떻게 알았는지 승빈이를 데리고 '한자 세계(界)'로 갔어요.

한자 세계에서는 한자 실력이 매우 중요해요. 한자를 잘 못하면 한자요괴 부(部)족(族)이 잡아가요. 마침, 오공이는 한자군(郡)을 위협하는 한자요괴 부족의 대마왕과 용(勇)감하게 전(戰)투를 겨루고 있었어요. 다행히 오공이는 한자 카드로 한자 마법을 잘 사(使)용한 덕분에 전투 결과(果)에서 승(勝)리(利)를 했어요. 그런데 갑자기 돌아가려던 대마왕이 숨어서 보고 있던 승빈이와 토팡이를 발견하고는 공격을 하기 시작했어요. 승빈이는 평소에 열심히 공부한 한자들을 총동원 하기로 했어요. 근데 대마왕의 공격을 받을 때마다 생각나는 한자들이 하나 둘씩 머릿속에서 지워지는 느낌이 들었어요. 이때, 오공이가 달려와 승빈이와 토팡이에게 빠져나갈 수 있는 비밀 통(通)로(路)를 조용히 알려주고는 대마왕이 승빈이와 토팡이를 공격하는 걸 막아줬어요. 승빈이와 토팡이는 겨우 비밀 통로로 찾아서 한자 세계에서 빠져 나왔어요.

승빈이는 오공이를 만나서 반가웠지만, 한자 무술을 배우지 못해서 너무 아쉬웠어요. 다음엔 반드시 한자요괴 대마왕과 싸워서 이길 수 있게 열심히 한자 공부를 해야겠다고 마음먹었어요.

한자 예고편

그림 속에 숨어있는 한자들을 찾아보세요.

部 떼/거느릴 (부)	族 겨레 (족)	戰 싸움 (전)
果 실과 (과)	勝 이길 (승)	利 이할 (리/이)
使 하여금/부릴 (사)	郡 고을 (군)	界 지경 (계)
通 통할 (통)	路 길 (로/노)	勇 날랠 (용)

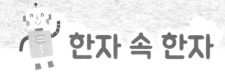

떼/거느릴 부

뜻은 떼, 거느리다이고, 부라고 읽어요.

일정한 경계를 지닌 지역(邑 고을 읍)을 몇 개 구역으로 거느리기 쉽게 나눈 모습에서 '떼, 거느리다'라는 뜻을 나타냅니다.

어

部

훈 떼/거느릴 음 부
(부수 阝, 총 11획)

떼/거느릴 부	떼/거느릴 부	떼/거느릴 부

→ 흐린 색의 글씨를 따라 써보세요.

생활 속 한자

〜〜〜〜〜〜〜

- 민영이는 다리의 멍든 部分(부분)에 연고를 발랐습니다.
- 장군은 部下(부하)들을 거느리고 전투에 나갔습니다.

겨레 족

뜻은 **겨레**이고, **족**이라고 읽어요.

族 → 族 → 族 → **族**

깃발 아래에 군중이 모여 있고, 여러 개의 화살이 전투에 사용된 모습에서 '겨레'라는 뜻을 나타냅니다.

어

族

훈 **겨레** 음 **족**
(부수 方, 총 11획)

族	族	族
겨레 족	겨레 족	겨레 족

생활 속 한자

- 우리 家族(가족)은 주말에 불꽃축제에 다녀왔습니다.
- 명절에는 民族(민족) 전체가 대이동을 합니다.

싸움 전

뜻은 싸움이고, 전이라고 읽어요.

戰 → 戰 → 戰

창과 같은 무기를 들고 서로 싸우는 모습에서 '싸움'
이라는 뜻을 나타냅니다.

어

戰

훈 싸움 음 전
(부수 戈, 총 16획)

戰	戰	戰
싸움 전	싸움 전	싸움 전

흐린 색의 글씨를 따라 써보세요.

생활 속 한자

- 이순신의 戰功(전공)은 청사에 남을 만큼 위대합니다.
- 주전들의 부상으로 戰力(전력)이 약화되었습니다.

실과 과

뜻은 **실과(열매)**이고, 과라고 읽어요.

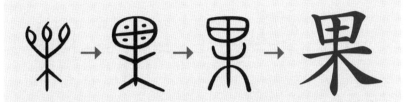

한 그루의 나무에 열매가 가득 열려 있는 모습에서 '실과(열매)'라는 뜻을 나타냅니다.

어

果

훈 **실과** 음 **과**
(부수 木, 총 8획)

실과 과	실과 과	실과 과

생활 속 한자

- 그 산을 오르는 사람이 果然(과연) 얼마나 될까?
- 올해에 살아남은 果木(과목)들은 잎을 피우고 꽃을 피울 것입니다.

이길 승

💬 뜻은 이기다이고, 승이라고 읽어요.

月內 → 臘 → 朕 → 勝

力(힘 력)과 朕(나 짐)으로 이루어진 글자로, 쟁기질에 필요한 힘을 상징하며, 힘센 사람이 약한 사람을 힘으로 제압하는 모습에서 '이기다'라는 뜻을 나타냅니다.

어

勝

훈 **이길** 음 **승**
(부수 力, 총 12획)

勝	勝	勝
이길 승	이길 승	이길 승

↳ 흐린 색의 글씨를 따라 써보세요.

생활 속 한자

- 名勝地(명승지)를 찾아 전국을 여행했습니다.
- 이번 경기의 勝算(승산)은 우리 팀에게 있습니다.

이할 리(이)

뜻은 이하다(이롭다)이고, 리(이)라고 읽어요.

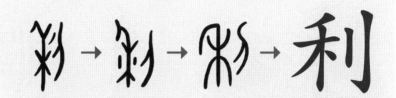

禾(벼 화)와 刀(칼 도)로 이루어진 글자로, 벼농사를 짓는 것은 이롭다는 뜻에서 '이롭다'라는 뜻을 나타냅니다.

어

利

훈 이할 **음** 리(이)
(부수 刂, 총 7획)

利 이할 리(이)	利 이할 리(이)	利 이할 리(이)

생활 속 한자 * '利'가 단어의 맨 앞에 올 때는 '이'로 읽어요. **예** 利子(이자), 利用(이용)

- 지하철이 있어서 교통이 便利(편리)합니다.
- 마을 앞 공터는 아이들의 놀이터로도 利用(이용)이 가능합니다.

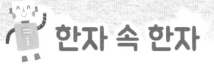

하여금/부릴 사

뜻은 하여금, 부리다이고, 사라고 읽어요.

豫 → 使 → 使

벼슬아치가 길에서 아랫사람을 부리는 모습에서 '부리다'라는 뜻을 나타냅니다.

使

훈 **하여금/부릴** 음 **사**
(부수 亻, 총 8획)

하여금/부릴 사 | 하여금/부릴 사 | 하여금/부릴 사

→ 흐린 색의 글씨를 따라 써보세요.

생활 속 한자

- 나는 청소기의 使用(사용)법을 꼼꼼하게 익혔습니다.
- 대통령은 그를 特使(특사)로 미국에 파견하였습니다.

고을 군

뜻은 고을이고, 군이라고 읽어요.

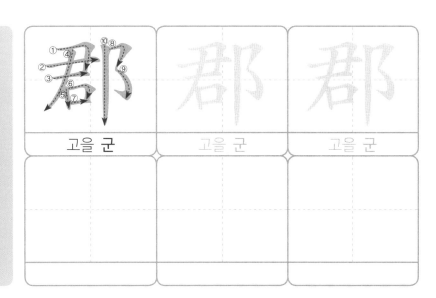

임금(君 임금 군)이 나라를 다스리기 위해 고을을 나눈 모습에서 '고을'이라는 뜻을 나타냅니다.

어

郡

훈 **고을** 음 **군**
(부수 阝, 총 10획)

郡	郡	郡
고을 군	고을 군	고을 군

생활 속 한자

- 기념일을 경축하기 위한 郡民(군민) 체육 대회가 열렸습니다.
- 우리 郡内(군내)에는 병원이 하나뿐입니다.

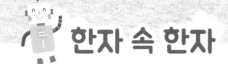
지경 **계**

뜻은 지경이고, 계라고 읽어요.

田比 → 界 → 界

밭(田 밭 전)사이에 끼어(介 끼일 개) 있는 길이 땅의 경계를 나타내는 모습에서 '지경'이라는 뜻을 나타냅니다.

界

훈 **지경** 음 **계**
(부수 田, 총 9획)

界	界	界
지경 **계**	지경 계	지경 계

→ 흐린 색의 글씨를 따라 써보세요.

생활 속 한자

- 교통과 통신의 발달로 世界(세계)가 더 가까워졌습니다.
- 불우 이웃 돕기 운동에 各界(각계)의 온정이 쏟아지고 있습니다.

통할 통

뜻은 통하다이고, 통이라고 읽어요.

彳甬 → 辶甬 → 通

사람이 쉬엄쉬엄 길을 통해 가는 모습에서 '통하다'라
는 뜻을 나타냅니다.

어

訓 통할 音 통
(부수 辶, 총 11획)

通 통할 통	通 통할 통	通 통할 통

생활 속 한자

- 이 지역은 通信(통신) 상태가 좋지 않습니다.
- 이삿짐이 通路(통로)를 막고 있습니다.

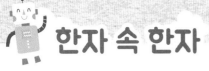

길 로(노)

뜻은 길이고, 로(노)라고 읽어요.

路 → 踞 → 路

발(足 발 족)이 편안히 걸어 다닐 수 있는 길의 모습에서 '길'이라는 뜻을 나타냅니다.

어

路

훈 **길** 음 **로(노)**
(부수 足, 총 13획)

路
길 로(노)

路
길 로(노)

路
길 로(노)

→ 흐린 색의 글씨를 따라 써보세요.

생활 속 한자   * '路'가 단어의 맨 앞에 올 때는 '노'라고 읽어요. 예 路線(노선), 路上(노상)

■ 교통사고로 고속 道路(도로)가 막혔습니다.

■ 비가 와서 路面(노면)이 미끄럽습니다.

날랠 용

뜻은 날래다(용감하다)이고, 용이라고 읽어요.

무거운 물건을 들어 올리는 기력이 씩씩한 모습에서 '날래다(용감하다)'라는 뜻을 나타냅니다.

어

勇

훈 **날랠** 음 **용**
(부수 力, 총 9획)

날랠 용	날랠 용	날랠 용

생활 속 한자

- 청년은 勇氣(용기)가 있어야 합니다.
- 장군의 勇名(용명)은 사방에 널리 퍼졌습니다.

리듬 속 한자

빈칸에 알맞은
한자를 써보세요.

 일정한 지역을 몇 개 구역으로 나눈 모습 **떼/거느릴 부**

 전투에 여러 개의 화살을 사용한 모습 **겨레 족**

 서로 무기를 들고 싸우는 모습 **싸움 전**

 나무에 열매가 가득 열린 모습 **실과 과**

 힘센 사람이 약한 사람을 제압하는 모습 **이길 승**

 벼농사를 짓는 모습 **이할 리(이)**

 길에서 아랫사람을 부리는 모습 **하여금/부릴 사**

 임금이 고을을 나눈 모습 **고을 군**

 밭 사이에 끼어 있는 길의 땅의 경계 **지경 계**

 쉬엄쉬엄 길을 통해 가는 모습 **통할 통**

 발이 편안히 걸어 다닐 수 있는 길 **길 로(노)**

 무거운 물건을 들어 올리는 씩씩한 모습 **날랠 용**

게임 속 한자

흑진주을 찾아라!

토팡이의 진주함에는 정말 비싼 흑진주 하나가 숨겨져 있다. 토팡이는 이 흑진주를 다른 진주들과 함께 한자 상자에 숨겨 두었다. 한자 상자 위에 적힌 암호의 한자를 보고 각 한자들의 음을 찾아 지워야만 흑진주를 찾을 수 있다.

가장 먼저 흑진주를 찾는 팀(사람)이 이긴다.

※**힌트:** 흑진주가 숨겨진 한자의 음은 암호 한자들의 음이 아니다.

암호 한자 部, 族, 果, 勝, 利, 使, 郡, 界, 通, 路, 勇

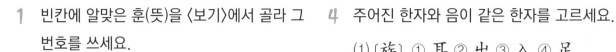

문제 속 한자

1 빈칸에 알맞은 훈(뜻)을 〈보기〉에서 골라 그 번호를 쓰세요.

보기
① 싸움 　② 이기다 　③ 고을
④ 길 　⑤ 겨레

(1) 族의 뜻은 ＿＿＿ 입니다.

(2) 戰의 뜻은 ＿＿＿ 입니다.

(3) 勝의 뜻은 ＿＿＿ 입니다.

(4) 郡의 뜻은 ＿＿＿ 입니다.

2 아래 한자의 훈과 음을 빈칸에 쓰세요.

(1) 通 ☐

(2) 勇 ☐

(3) 路 ☐

(4) 部 ☐

3 아래 훈과 음에 해당하는 한자를 빈칸에 쓰세요.

(1) 실과 과 ☐ 　(2) 이할 리 ☐

(3) 하여금/부릴 사 ☐ 　(4) 겨레 족 ☐

(5) 지경 계 ☐

4 주어진 한자와 음이 같은 한자를 고르세요.

(1) 〔族〕 ① 耳 ② 出 ③ 入 ④ 足

(2) 〔子〕 ① 父 ② 者 ③ 夫 ④ 不

(3) 〔四〕 ① 使 ② 里 ③ 所 ④ 字

(4) 〔洞〕 ① 春 ② 秋 ③ 夏 ④ 冬

5 한자와 뜻의 연결이 바르지 <u>않은</u> 것은?

(1) ① 休 - 쉬다 　② 命 - 목숨
　③ 來 - 보리 　④ 答 - 답하다

(2) ① 平 - 평평하다 ② 午 - 소
　③ 色 - 빛 　④ 氣 - 기운

(3) ① 農 - 마을 　② 主 - 주인
　③ 名 - 이름 　④ 老 - 늙다

(4) ① 歌 - 노래 　② 力 - 힘
　③ 食 - 먹다 　④ 方 - 집

6 훈과 음에 알맞은 한자를 보기에서 골라 빈칸에 쓰세요.

보기 　高 在 古 家

(1) 집 가 ☐

(2) 있을 재 ☐

(3) 예 고 ☐

(4) 높을 고 ☐

실전 속 한자 어문회

1 다음 밑줄 친 漢字語의 讀音을 쓰세요.

> 보기   漢字 → 한자

(1) 한강 수위의 상승으로 강변 <u>一部</u> 지역의 침수 우려가 고조되고 있습니다.
(   )

(2) <u>世界</u> 일주 여행을 하고 싶습니다. (   )

(3) 6.25는 아직도 끝나지 않고 <u>休戰</u> 상태입니다. (   )

(4) 지금의 우리의 전력으로는 <u>勝算</u>이 없습니다. (   )

(5) <u>有利</u>한 위치에서 적과 싸웠습니다.
(   )

2 다음 漢字의 訓과 音을 쓰세요.

> 보기   字 → 글자 자

(1) 部 (   )   (2) 通 (   )
(3) 勝 (   )   (4) 利 (   )
(5) 戰 (   )   (6) 郡 (   )
(7) 族 (   )   (8) 勇 (   )

3 다음 밑줄 친 漢字語의 漢字를 쓰세요.

> 보기   국어 → 國語

(1) <u>군가</u>에 발맞추어 씩씩한 국군들이 행진을 합니다. (   )

(2) <u>대학</u>에서는 교양 과목과 전공 과목을 함께 배웁니다. (   )

(3) 백두산은 <u>휴화산</u>입니다. (   )

4 다음 (   )에 알맞은 漢字를 〈보기〉에서 찾아 그 번호를 쓰세요.

> 보기   ① 者 ② 戰 ③ 界 ④ 族

(1) 山   水戰 : 세상의 온갖 고난을 다 겪어 경험이 많음.

(2) 白衣民   : 예로부터 흰 옷을 즐겨 입는 우리 민족의 뜻.

5 다음 漢字와 뜻이 비슷한 漢字를 골라 그 번호를 쓰세요.

(1) 路 : ① 老 ② 部 ③ 通 ④ 道
(2) 郡 : ① 界 ② 科 ③ 家 ④ 邑

6 다음 중 소리는 같으나 뜻이 다른 漢字를 골라 그 번호를 쓰세요.

(1) 利 : ① 果 ② 界 ③ 通 ④ 理

7 다음 漢字語의 뜻을 풀이 하세요.

> 보기   國力 → 나라의 힘

(1) 勇氣 :

(2) 通話 :

8 다음 漢字의 짙게 표시한 획은 몇 번째 쓰는 획인지 숫자로 쓰세요.

(1)    (2)

07 한자 무술 세계 – 전투 **33**

08 밀레의 그림전 - 예술

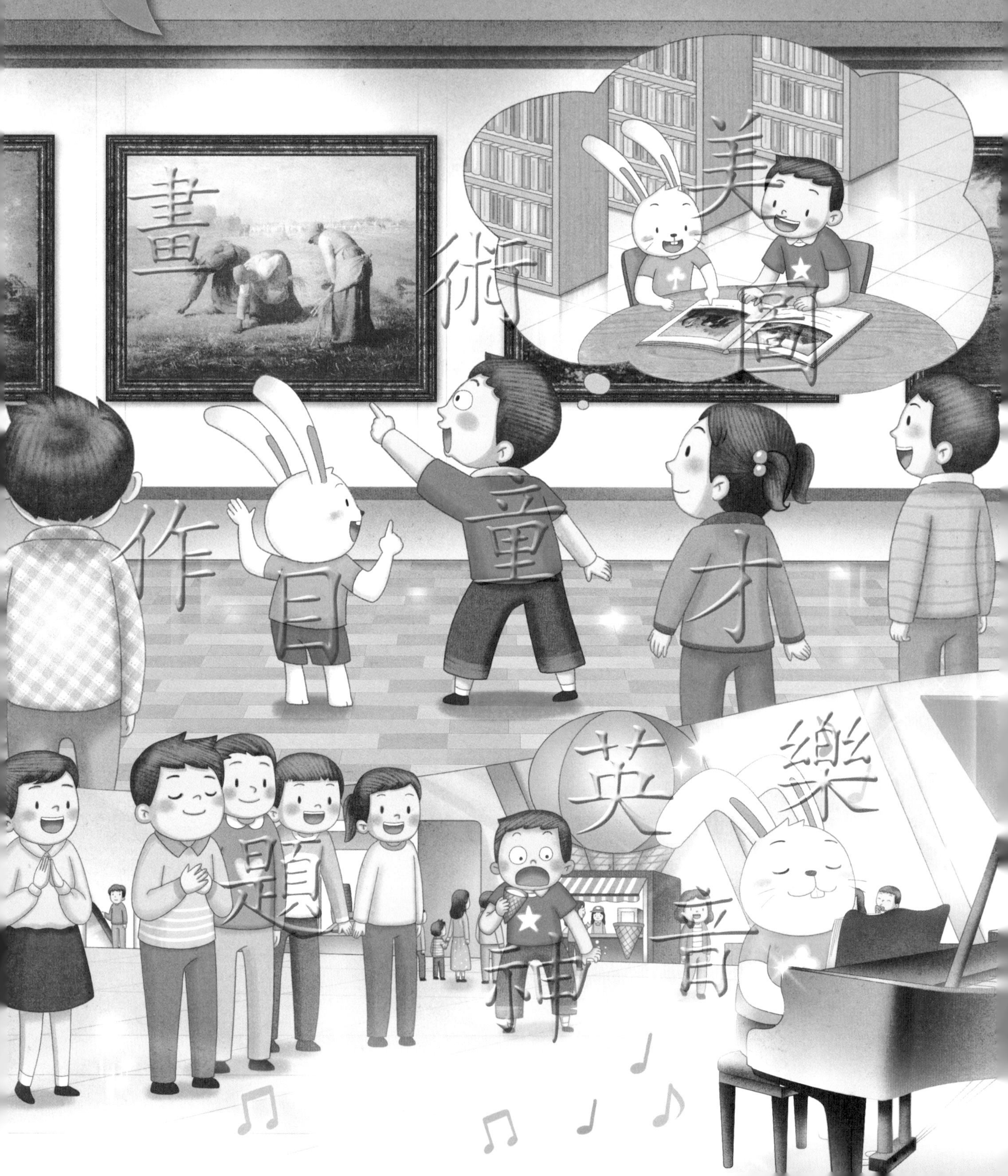

오늘 승빈이네 반은 미술관으로 견학을 갔어요. 미술관에는 유명한 미(美)술(術) 작(作)품들이 걸려 있었어요. 미술관 2층에는 오늘부터 시작되는 '밀레의 그림전'을 하고 있었어요. 밀레는 어려서부터 그림 신(神)동(童)으로 불렸던 화가예요.

얼마 전, 승빈이는 동네 도(圖)서관에 갔다가 미술책에서 '이삭 줍는 여인들'이라는 제(題)목(目)의 그림(畫)을 봤어요. 그때, 그 그림이 너무 마음에 들어서 꼭 한번 실제로 보고 싶다는 생각을 했는데, 오늘 미술전에서 보니 정말 신기했어요.

미술관 건물 1층 한쪽엔 풍선 기구 모양의 매점이 있는데, 긴 줄로 사람들이 많이 서 있었어요. 승빈이는 무엇을 파는지 궁금해서 줄을 섰어요. 드디어 승빈이 차례가 되었어요. 과자의 맛만 선택하면 과자컵에 우유를 담아 판매하고 있었어요. 승빈이는 초코 과자컵을 골라 컵에 담긴 우유와 과자컵 맛을 보았는데 초코 우유를 마시는 것 같이 정말 달콤하고 맛있었어요. 토팡이와 나눠 먹으려고 토팡이를 찾고 있는데 이때 어디선가 피아노 음(音)악(樂) 소리가 들려왔어요.

어머나! 한쪽에 놓여 있는 피아노에서 토팡이가 연주를 하고 있었어요. 승빈이는 토팡이가 이런 재능을 갖춘 영(英)재(才)라는 것을 오늘에서야 알았어요. 훌륭한 그림에 멋진 음악까지 들으니 영화 속 주인공이 된 것만 같았어요. 승빈이는 토팡이에게 피아노를 배워서 나중에 직접 멋진 연주를 해보고 싶다는 생각이 들었어요.

한자 예고편 ● 그림 속에 숨어있는 한자들을 찾아보세요.

圖 그림 (도)	畫 그림 (화)	美 아름다울 (미)	術 재주 (술)
音 소리 (음)	樂 즐길 (락/낙)/노래 (악)/좋아할 (요)		神 귀신 (신)
童 아이 (동)	題 제목 (제)	目 눈 (목)	英 꽃부리 (영)
才 재주 (재)	作 지을 (작)		

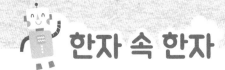
그림 도

뜻은 그림이고, 도라고 읽어요.

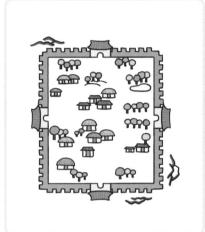

마을의 경계 구역을 지도 또는 그림으로 나타낸 모습에서 '그림'이라는 뜻을 나타냅니다.

어

圖

훈 그림 음 도
(부수 口, 총 14획)

그림 도	그림 도	그림 도

➜ 흐린 색의 글씨를 따라 써보세요.

생활 속 한자

■ 설계 圖面(도면)에 따라 건물을 지었습니다.
■ 地圖(지도)를 보고 길을 찾아 갈 수 있습니다.

그림 화

뜻은 그림이고, 화라고 읽어요.

손에 붓을 들고 여러 무늬와 선, 도형을 그리는 모습에서 '그림'이라는 뜻을 나타냅니다.

어

畫

훈 **그림** 음 **화**
(부수 田, 총 12획)

그림 화	그림 화	그림 화

생활 속 한자

- 이 그림은 그 畫家(화가)의 대표작입니다.
- 새로 산 텔레비전은 畫面(화면) 색상이 매우 뚜렷합니다.

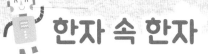

아름다울 미

뜻은 아름답다이고, 미라고 읽어요.

美 → 美 → 美 → 美

아름답게 보이기 위해 새의 길다란 깃털을 머리에 꽂아 장식한 사람의 모습에서 '아름답다'라는 뜻을 나타냅니다.

어

美

훈 아름다울 음 미
(부수 羊, 총 9획)

아름다울 미	아름다울 미	아름다울 미

➤ 흐린 색의 글씨를 따라 써보세요.

생활 속 한자

- 키가 큰 美男(미남) 청년이 누나에게 길을 물었습니다.
- 내가 제일 좋아하는 과목은 美術(미술)입니다.

재주 술

뜻은 재주이고, 술이라고 읽어요.

徘 → 術 → 術

사거리에서 농작물인 차조를 사고 파는 모습으로, 상품을 사고 팔 때 흥정하는 모습에서 '재주'라는 뜻을 나타냅니다.

어

術

훈 재주 음 술
(부수 行, 총 11획)

재주 술

재주 술

재주 술

생활 속 한자

- 그는 道術(도술)을 부릴 수 있습니다.
- 희철이는 手術(수술)을 받고 병실로 옮겨졌습니다.

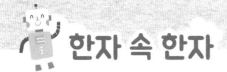

소리 음

뜻은 소리이고, 음이라고 읽어요.

丟 → 丟 → 音 → 音

입을 크게 벌리고 혀를 쭉 내밀고 있는 모습에서 '소리'라는 뜻을 나타냅니다.

어

音

훈 소리 음 음
(부수 音, 총 9획)

소리 음	소리 음	소리 음

→ 흐린 색의 글씨를 따라 써보세요.

생활 속 한자

- 한자를 和音(화음)대로 읽어 봅시다.
- 다현이는 高音(고음)의 어려운 노래를 잘 소화해냈습니다.

즐길 락(낙) / 노래 악 / 좋아할 요

뜻은 **즐겁다/노래(음악)/좋아하다**이고, **락(낙)/악/요**라고 읽어요.

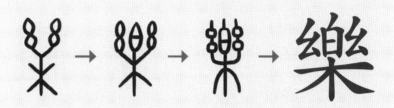

木(나무 목)과 絲(실 사)로 이루어진 글자로, 이것은 현악기가 나무 틀 위에 놓인 모양에서 '즐겁다', '노래(음악)', '좋아하다'라는 뜻을 나타냅니다.

어

樂

훈 즐길   음 락(낙)
훈 노래   음 악
훈 좋아할 음 요
(부수 木, 총 15획)

즐길 락(낙)   노래 악   좋아할 요

생활 속 한자   * '樂' 이라는 단어의 맨 앞에 올 때는 '낙' 으로 읽어요. 예 樂承(낙승), 樂事(낙사)

- 라디오에서 신나는 音樂(음악)이 흘러 나옵니다.
- 지상 樂園(낙원)을 만들었습니다.

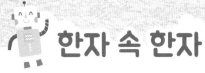
귀신 신

뜻은 귀신이고, 신이라고 읽어요.

示ↄ → 襠 → 褍 → 神

번개가 칠 때 번쩍이는 빛은 눈에 보이지는 않으나 사람에게 화복을 내려 준다 하여 제사 지내는 대상을 귀신으로 여기는 모습에서 '귀신'이라는 뜻을 나타냅니다.

어

神

훈 **귀신** 음 **신**
(부수 示, 총 10획)

神	神	神
귀신 신	귀신 신	귀신 신

→ 흐린 색의 글씨를 따라 써보세요.

생활 속 한자

- 우리나라의 건국 神話(신화) 주인공은 단군과 주몽입니다.
- 神功(신공)을 받아 건강을 되찾았습니다.

아이 동

뜻은 아이이고, 동이라고 읽어요.

→ → → 童

죄를 지은 남자를 말하며, 눈 윗부분에 상처를 내어 노예로 삼는 모습에서 '아이'라는 뜻을 나타냅니다. 어린아이 외에 '눈동자, 노예'라는 뜻도 있습니다.

어

훈 **아이** 음 **동**
(부수 효, 총 12획)

아이 동	아이 동	아이 동

생활 속 한자

- 모처럼 童心(동심)으로 돌아가 즐겁게 놀았습니다.
- 그는 바이올린의 神童(신동)으로 널리 알려졌습니다.

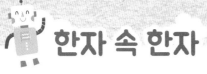

제목 제

뜻은 제목이고, 제라고 읽어요.

題 → 題 → 題

글을 쓸 때 가장 먼저 보이는 제목에서 '제목'이라는
뜻을 나타냅니다.

어

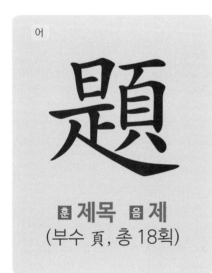

훈 **제목** 음 **제**
(부수 頁, 총 18획)

題	題	題
제목 **제**	제목 제	제목 제

↱ 흐린 색의 글씨를 따라 써보세요.

생활 속 한자

- 시험 問題(문제)가 작년에 비해 쉽게 나왔습니다.
- 선생님은 '환경 오염'이라는 主題(주제)에 대해 강연하셨습니다.

눈 목

뜻은 눈이고, 목이라고 읽어요.

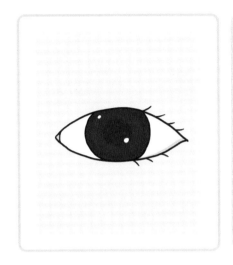

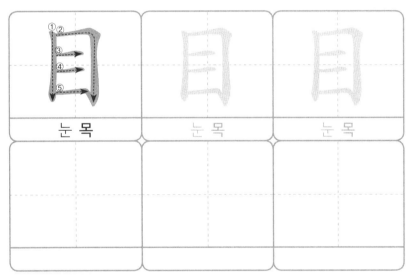

사람의 눈 모양에서 눈을 세운 모습에 거리가 생기게 되어 '눈'이라는 뜻을 나타냅니다.

어

目

훈 눈 음 목
(부수 目, 총 5획)

눈 목	눈 목	눈 목

생활 속 한자

- 회사에서 그는 名目(명목)뿐인 사장입니다.
- 소설 題目(제목)을 보니 읽고 싶은 충동이 들었습니다.

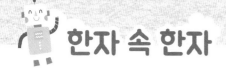 **한자 속 한자**

꽃부리 영

뜻은 꽃부리이고, 영이라고 읽어요.

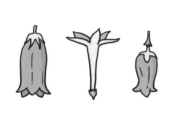

초목에서 피는 꽃의 가장 아름다운 부분인 꽃부리의 모양에서 '꽃부리'라는 뜻을 나타냅니다.

어

英

훈 **꽃부리** 음 **영**
(부수 艹, 총 9획)

英
꽃부리 영

英
꽃부리 영

英
꽃부리 영

↘ 흐린 색의 글씨를 따라 써보세요.

생활 속 한자

■ 현서는 수학보다 英語(영어)를 더 잘합니다.
■ 동생은 어려서부터 英特(영특)하고 매사에 의연했습니다.

재주 재

뜻은 재주이고, 재라고 읽어요.

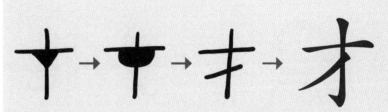

초목이 땅 위로 돋아나는 맨 처음의 모습에서 '재주'라는 뜻을 나타냅니다.

어

才

훈 **재주** 음 **재**
(부수 扌, 총 3획)

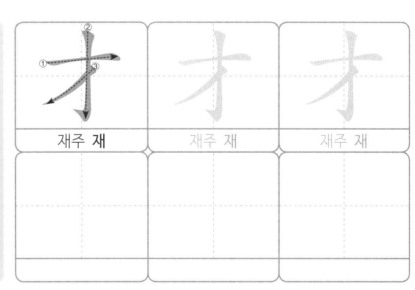

재주 **재**	재주 재	재주 재

생활 속 한자

■ 그는 미술에 天才(천재)적인 재능을 보였습니다.

■ 많은 사람들 가운데 훌륭한 人才(인재)를 고르는 것은 쉬운 일이 아닙니다.

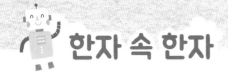

지을 작

뜻은 짓다이고, 작이라고 읽어요.

ᴗ→ᴗ→作→作

사람이 옷을 지어 입는 모습에서 '짓다'라는 뜻을 나타냅니다.

어

훈 지을 음 작
(부수 亻, 총 7획)

作 지을 작	作 지을 작	作 지을 작

↱ 흐린 색의 글씨를 따라 써보세요.

생활 속 한자

■ 알로에는 살균 作用(작용)과 항균 作用(작용)을 합니다.
■ 여러 사람이 함께 일하는 作業(작업)은 협력이 중요합니다.

리듬 속 한자

챈트 음원은 시사중국어사 홈페이지 book.chinasisa.com에서 무료로 다운로드 하실 수 있습니다.

 마을의 구역을 지도로 나타낸 모습 **그림 도**

 손에 붓을 들고 여러 무늬를 그리는 모습 **그림 화**

 새의 깃털로 머리를 장식한 사람의 모습 **아름다울 미**

 사거리에서 상품을 사고 팔 때 흥정하는 모습 **재주 술**

 입을 크게 벌리고 혀를 내밀고 있는 모습 **소리 음**

현악기가 나무 틀 위에 놓인 모양 **즐길 락(낙)**
노래 악, 좋아할 요

 제사 지내는 대상 **귀신 신**

 눈에 상처를 내어 노예로 삼는 아이 **아이 동**

 글을 쓸 때 가장 먼저 보이는 제목 **제목 제**

 세워 있는 눈 **눈 목**

꽃의 가장 아름다운 부분 **꽃부리 영**

땅 위로 돋아나는 초목의 처음 모습 **재주 재**

사람이 옷을 지어 입는 모습 **지을 작**

숫자 로직

위쪽 숫자와 왼쪽 숫자를 힌트로 해서 박스 안에 있는 네모 칸에 올바르게 전부 채우면 네모 칸 전체에 숨겨진 한자가 완성된다.

※규칙

1 위쪽에 있는 숫자 열은 세로로 칠할 수 있는 칸수를 나타낸다.

2 왼쪽에 있는 숫자 행은 가로로 칠할 수 있는 칸수를 나타낸다.

3 한 열 또는 한 행에 숫자가 두 개 이상이 있는 경우, 두 숫자에 해당하는 칸 사이는 한 칸 이상이 떨어져서 채워야 한다.

※칠하면 안 되는 칸에 X표를 하면 그 힌트로 쉽게 풀 수 있다.

						1		1			
					4	1		1	4		
				1	1	1		1	1	1	
				1	1	1		1	1	1	
				5	1	1	2	1	1	5	
			1	1	1	1	1	1	1	1	1
			1	1	1	1	9	1	1	1	1
		1									
		7									
	1	1									
	1	1									
		9									
		7									
1	1	1									
		7									
1	1	1									
		7									
		1									
		7									
		1									
		9									

1 빈칸에 알맞은 훈(뜻)을 〈보기〉에서 골라 그 번호를 쓰세요.

보기

① 소리   ② 즐기다   ③ 제목
④ 재주   ⑤ 그림

(1) 圖의 뜻은 ____ 입니다.

(2) 樂의 뜻은 ____ 입니다.

(3) 題의 뜻은 ____ 입니다.

(4) 術의 뜻은 ____ 입니다.

2 아래 한자의 훈과 음을 빈칸에 쓰세요.

(1) 畫 [ ]

(2) 童 [ ]

(3) 音 [ ]

(4) 神 [ ]

3 아래 훈과 음에 해당하는 한자를 빈칸에 쓰세요.

(1) 아름다울 미 [ ]   (2) 눈 목 [ ]

(3) 꽃부리 영 [ ]   (4) 재주 재 [ ]

(5) 지을 작 [ ]

4 주어진 한자와 음이 같은 한자를 고르세요.

(1) 〔米〕 ① 衣 ② 式 ③ 用 ④ 美

(2) 〔神〕 ① 問 ② 新 ③ 今 ④ 言

(3) 〔作〕 ① 第 ② 反 ③ 公 ④ 昨

(4) 〔童〕 ① 由 ② 同 ③ 各 ④ 身

5 한자와 뜻의 연결이 바르지 <u>않은</u> 것은?

(1) ① 夕 - 저녁   ② 林 - 나무
    ③ 海 - 바다   ④ 村 - 마을

(2) ① 旗 - 기운   ② 文 - 글
    ③ 孝 - 효도   ④ 有 - 있다

(3) ① 內 - 들다   ② 同 - 한가지
    ③ 話 - 말하다 ④ 江 - 강

(4) ① 石 - 돌   ② 電 - 전기
    ③ 歌 - 노래   ④ 語 - 모이다

6 훈과 음에 알맞은 한자를 보기에서 골라 빈칸에 쓰세요.

보기   每 方 立 平

(1) 평평할 평 [ ]

(2) 모 방 [ ]

(3) 설 립 [ ]

(4) 매양 매 [ ]

1 다음 밑줄 친 漢字語의 讀音을 쓰세요.

> 보기   漢字 → 한자

(1) 圖書를 가까이 하면 모르는 것을 많이 알게 됩니다. (   )

(2) 모두 천재 畫家의 죽음을 슬퍼했습니다. (   )

(3) 라디오에서 내가 좋아하는 영화 音樂이 나와 눈을 감고 들었습니다. (   )

(4) 허준 선생은 "동의 보감"이라는 책을 만들어 한국 醫術을 널리 알렸습니다. (   )

(5) 그는 모든 재산을 청소년 교육을 위한 育英 사업에 쏟아 부었습니다. (   )

2 다음 漢字의 訓과 音을 쓰세요.

> 보기   字 → 글자 자

(1) 畫 (   )   (2) 術 (   )

(3) 樂 (   )   (4) 神 (   )

(5) 題 (   )   (6) 才 (   )

(7) 圖 (   )   (8) 音 (   )

3 다음 밑줄 친 漢字語의 漢字를 쓰세요.

> 보기   국어 → 國語

(1) 우리 집에서는 가내 수공업으로 공예품을 만들고 있습니다. (   )

(2) 교지 뒤에 편집위원 중 한 사람이 후기를 쓰기로 했습니다. (   )

(3) 합격 여부는 전화로 알려드리겠습니다. (   )

4 다음 (   )에 알맞은 漢字를 〈보기〉에서 찾아 그 번호를 쓰세요.

> 보기   ① 樂 ② 目 ③ 作 ④ 藥

(1) 同苦同   : 함께 고생하고 함께 즐거워함.

(2) 樂山   水 : 산과 물, 곧 자연을 사랑함.

5 다음 漢字와 뜻이 비슷한 漢字를 골라 그 번호를 쓰세요.

(1) 圖 : ① 英 ② 術 ③ 音 ④ 畫

6 다음 중 소리는 같으나 뜻이 다른 漢字를 골라 그 번호를 쓰세요.

(1) 題 : ① 才 ② 作 ③ 樂 ④ 弟

(2) 和 : ① 火 ② 圖 ③ 術 ④ 題

7 다음 漢字語의 뜻을 풀이하세요.

> 보기   國力 → 나라의 힘

(1) 圖表 :

(2) 讀音 :

8 다음 漢字의 짙게 표시한 획은 몇 번째 쓰는 획인지 숫자로 쓰세요.

(1)   (2)

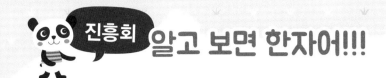

加 熱
더할 **가** 더울 **열**

어떤 물질에 열을 가함
예 아무리 加熱(가열)을 해도 이 물체는 쉽게 녹지 않습니다.

器 具
그릇 **기** 갖출 **구**

세간이나 연장, 또는 조작이 간단한 기계나 도구
예 측우기는 비가 내린 양을 재는 器具(기구)입니다.

觀 察
볼 **관** 살필 **찰**

사물이나 현상을 주의하여 자세히 살펴봄
예 미생물은 전자 현미경으로만 觀察(관찰)이 가능합니다.

物 體
물건 **물** 몸 **체**

구체적인 형태를 가지고 있는 것
예 의자 위에 낯선 物體(물체)가 놓여 있습니다.

發 明
필 **발** 밝을 **명**

아직까지 없던 기술이나 물건을 새로 생각하여 만들어 냄
예 그 과학자의 發明(발명)은 길이 남을 훌륭한 업적이라 할 만합니다.

實 驗
열매 **실** 시험 **험**

실제로 경험하거나 시험함
예 나는 實驗(실험)을 하면서 과학에 대한 흥미를 새롭게 느꼈습니다.

安 全
편안 **안** 온전할 **전**

위험하지 않음
예 각종 스포츠를 배울 때 가장 중요한 것은 安全(안전)입니다.

승빈이와 토팡이는 용왕님의 초청장을 받고 지난번에 갔던 용궁을 가게 되었어요. 토팡이와 우애(愛)가 깊은 친(親)구 거북이가 특별히 데리러 왔어요. 거북이의 전동 보드를 타고 해변으로 가서 조가비 잠수함에 탑승하니 바다 교(交)향곡이 나오면서 잠수함이 자동으로 움직였어요. 잠수함 창 밖으로 보이는 바닷속 풍경은 정말 아름다웠어요. 형형색색의 해파리, 열대어와 아름다운 산호들이 보였어요. 물고기들의 행(行)동 하나하나가 마치 춤을 추고 있는 것 같았어요.

저 멀리에 마중 나온 용왕님과 신하들이 보였어요. 용궁에 도착해서 맛있는 음식을 먹고, 멋진 용궁도 구경을 하고, 바닷속 보석으로 만들어진 산호까지 선물로 받았어요. 용왕님은 며칠 더 놀다가 가라고 하셨지만 승빈이와 토팡이는 감(感)사 인사를 드리고 용궁을 떠날 준비를 했어요.

용궁 식구들과 작별(別) 인사를 한 뒤, 조가비 잠수함을 타고 신비로운 바닷속 구경을 하면서 가고 있었어요. 그런데 갑자기 새까만 상어 떼가 몰려와 잠수함을 둘러싸고 말았어요. 생사(死)가 달린 이 순간, 고(苦)민 할 틈도 없이 토팡이는 붕붕우산을 빙빙 돌리더니 눈 깜짝할 사이에 집으로 왔어요. 승빈이는 상어 떼를 피하면서 용왕님께 받은 산호 보석을 잃어버려서 실(失)의(意)에 빠졌어요. 토팡이는 승빈이를 위로하며 다음에 또 가자고 했어요. 산호 보석을 잃어버린 건 아쉬웠지만 정말 멋진 추억이었어요.

 🐟 그림 속에 숨어있는 한자들을 찾아보세요.

交 사귈 (교)   感 느낄 (감)   親 친할 (친)

愛 사랑 (애)   失 잃을 (실)   意 뜻 (의)

死 죽을 (사)   別 다를/나눌 (별)   苦 쓸 (고)

行 다닐 (행)/항렬 (항)

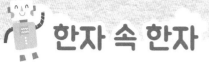

사귈 교

뜻은 사귀다이고, 교라고 읽어요.

사람의 두 발이 서로 엇갈린 모양을 표현한 글자로 사람의 관계가 엇갈린다는데서 '사귀다'라는 뜻을 나타냅니다.

어

交

훈 **사귈** 음 **교**
(부수 ㅗ, 총 6획)

交	交	交
사귈 교	사귈 교	사귈 교

→ 흐린 색의 글씨를 따라 써보세요.

생활 속 한자

- 그는 外交(외교)적 능력이 남보다 뛰어납니다.
- 사고가 난 여객선은 어제 오후부터 交信(교신)조차 끊어졌습니다.

느낄 감

뜻은 느끼다이고, 감이라고 읽어요.

마음이 모두에게 두루 닿아서 마음을 움직이게 하는 모습에서 '느끼다'라는 뜻을 나타냅니다.

어

훈 느낄 음 감
(부수 心, 총 13획)

느낄 감	느낄 감	느낄 감

생활 속 한자

- 이 책은 읽을수록 새로운 感動(감동)을 줍니다.
- 전기 기구를 물 묻은 손으로 다루면 感電(감전)의 위험이 있습니다.

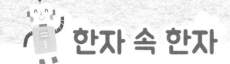

친할 친

뜻은 친하다이고, 친이라고 읽어요.

親 → 親 → 親

외출한 자식들이 돌아오는지 보기 위해 나무 옆에 서서 멀리 내다보는 어버이 모습에서 '친하다'라는 뜻을 나타냅니다.

어

親

훈 친할 음 친
(부수 見, 총 16획)

親	親	親
친할 친	친할 친	친할 친

→ 흐린 색의 글씨를 따라 써보세요.

생활 속 한자

- 언니는 시집간 후 처음으로 親庭(친정)에 왔습니다.
- 아버지는 할아버지의 칠순을 맞아 親族(친족)을 집으로 초대하였습니다.

사랑 애

뜻은 사랑이고, 애라고 읽어요.

사람이 입을 헤벌쭉 벌리고 두근거리는 마음으로 사랑하는 사람에게 걸어가는 모습에서 '사랑'이라는 뜻을 나타냅니다.

훈 **사랑** 음 **애**
(부수 心, 총 13획)

사랑 애	사랑 애	사랑 애

생활 속 한자

- 삼촌은 선물로 받은 만년필을 자주 愛用(애용)합니다.
- 월드컵 경기를 보면서 愛國心(애국심)이 더 생겼습니다.

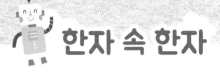

잃을 실

뜻은 잃다이고, 실이라고 읽어요.

손(手 손 수)에서 무언가 떨어져 나가는 모습에서 '잃다'라는 뜻을 나타냅니다.

어

失

훈 **잃을** 음 **실**
(부수 大, 총 5획)

잃을 실	잃을 실	잃을 실

흐린 색의 글씨를 따라 써보세요.

생활 속 한자

- 失手(실수)를 했을 때는 스스로 반성하고 고쳐야 합니다.
- 경제 불황은 失業(실업)을 유발할 수 있습니다.

뜻 의

뜻은 뜻이고, 의라고 읽어요.

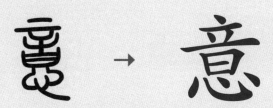

'마음'을 뜻하는 心(마음 심)과 '소리'를 뜻하는 音(소리 음)으로 이루어진 글자로, 마음의 소리라는 의미에서 '뜻'이라는 뜻을 나타냅니다.

어

意

훈 뜻 음 의
(부수 心, 총 13획)

뜻 의

뜻 의

뜻 의

생활 속 한자

- 나는 좋은 意圖(의도)로 친구에게 책을 선물하였습니다.
- 民意(민의)를 잘 파악해야 좋은 지도자가 됩니다.

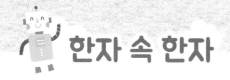

죽을 사

뜻은 죽다이고, 사라고 읽어요.

歺 → 𣦵 → 𣦵 → 死

흐트러진 뼈 앞에 꿇어앉아 있는 사람을 나타낸 글자로, 사람이 죽으면 살이 다 썩은 뒤에 뼈를 주워 모아 장례를 치르는 모습에서 '죽다, 죽음'이라는 뜻을 나타냅니다.

어

死

훈 죽을 음 사
(부수 歹, 총 6획)

죽을 사 | 죽을 사 | 죽을 사

→ 흐린 색의 글씨를 따라 써보세요.

생활 속 한자

- 그 남자는 아내와의 死別(사별)이 믿기지 않은 듯한 표정이었습니다.
- 우리 선수들은 死活(사활)을 걸고 경기에 임하였습니다.

62

다를/나눌 별

뜻은 다르다, 나누다이고, 별이라고 읽어요.

彬 → 㓷 → 別

칼로 뼈와 살을 발라내는 모습에서 '다르다, 나누다'
라는 뜻을 나타냅니다.

어

別

훈 **다를/나눌** 음 **별**
(부수 刂, 총 7획)

別
다를/나눌 **별**

別
다를/나눌 별

別
다를/나눌 별

생활 속 한자

■ 졸업식에서 학생들은 서로 作別(작별)을 아쉬워하였습니다.

■ 그는 키가 커서 '키다리'라는 別名(별명)을 듣습니다.

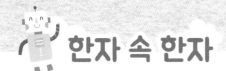

쓸 고

뜻은 쓰다이고, 고라고 읽어요.

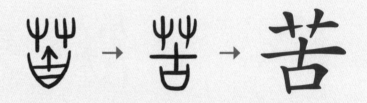

여러해살이풀(艸 풀 초)인 씀바귀의 맛이 매우 쓰기 때문에 '쓰다'라는 뜻을 나타냅니다.

훈 쓸 음 고
(부수 艹, 총 9획)

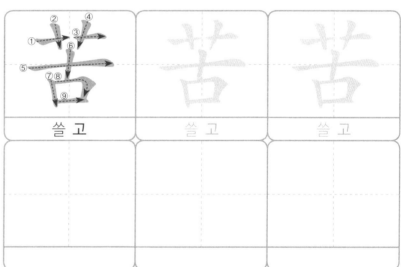

쓸 고

쓸 고

쓸 고

→ 흐린 색의 글씨를 따라 써보세요.

생활 속 한자

- 그는 오랜 病苦(병고)를 이겨 내고 연극 무대로 돌아왔습니다.
- 현우는 苦樂(고락)을 함께 해 온 좋은 친구입니다.

다닐 행/항렬 항

뜻은 다니다/항렬이고, 행/항 이라고 읽어요.

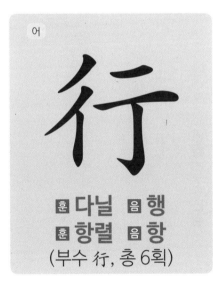

사람이 십자로 모양의 길을 걷는 모습에서 '다니다', '항렬'이라는 뜻을 나타냅니다.

어

行

훈 **다닐** 음 **행**
훈 **항렬** 음 **항**
(부수 行, 총 6획)

다닐 **행**/항렬 **항**	다닐 행/항렬 항	다닐 행/항렬 항

생활 속 한자

- 서진이의 *孝行*(효행)은 많은 사람에게 본보기가 되었습니다.
- 광복절 *行事*(행사)가 시청 앞 광장에서 성대하게 치러졌습니다.

리듬 속 한자

챈트 음원은 시사중국어사 홈페이지 book.chinasisa.com에서 무료로 다운로드 하실 수 있습니다.

빈칸에 알맞은
한자를 써보세요.

 사람의 두 발이 서로 엇갈린 모습 **사귈 교**

 마음을 움직이게 하는 모습 **느낄 감**

 나무 옆에 서서 멀리 내다보는 어버이 모습 **친할 친**

 사랑하는 사람에게 걸어가는 모습 **사랑 애**

 손에서 물건이 떨어지는 모습 **잃을 실**

 마음의 소리 **뜻 의**

 뼈를 주워 모아 장례를 치르는 모습 **죽을 사**

 칼로 뼈와 살을 발라내는 모습 **다를/나눌 별**

 씀바귀의 쓴 맛 **쓸 고**

 사람이 십자로 길을 걷는 모습 **다닐 행, 항렬 항**

퍼즐게임

1 가로 열쇠는 해당 번호를 찾아 가로로 빈칸에 답을 적는다.

2 세로 열쇠는 해당 번호를 찾아 세로로 빈칸에 답을 적는다.

3 한 칸에 한 글자씩 적을 수 있고, 해당 문제의 괄호 안에 '(한자)'라고 된 부분은 한자로 쓰고, '(훈음)'이라고 된 부분은 훈음으로 답을 적는다.

4 가장 먼저 빈칸을 채우는 팀(사람)이 승리한다.

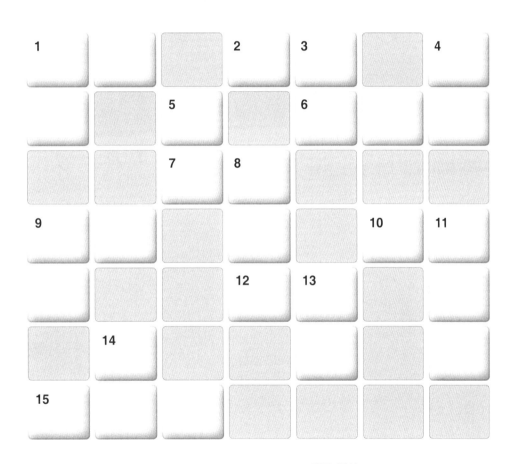

가로 열쇠
1 (한자) 이름이 같음
2 (훈음) 남에게 자기 아버지를 높여 이르는 말
6 (훈음) 대한민국의 국가, 나라를 사랑하는 뜻으로 온 국민이 부르는 노래
7 (한자) 학교에서 공부하는 사람
9 (훈음) 생각 밖
10 (훈음) 서로 헤어짐
12 (한자) 듣기는 싫으나 유익한 말
15 (훈음) 직업을 잃은 사람

세로 열쇠
1 (한자) 같은 느낌
3 (훈음) 친밀감을 가지고 소중히 여기는 것
4 (훈음) 옛 노래, 옛 가사
5 (한자) 밤에 공부함
8 (한자) 생활하는 데 있어서의 경제적인 고통
9 (훈음) 장차 하려는 계획
11 (훈음) 속된 세상과는 아주 다른 세상
13 (한자) 말과 행동
14 (훈음) 살아가기 위해 하는 일

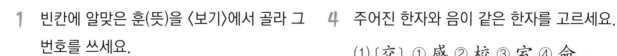

문제 속 한자

1 빈칸에 알맞은 훈(뜻)을 〈보기〉에서 골라 그 번호를 쓰세요.

보기

① 친하다　② 쓰다　③ 뜻
④ 사랑하다　⑤ 느끼다

(1) 感의 뜻은 　　　입니다.

(2) 意의 뜻은 　　　입니다.

(3) 愛의 뜻은 　　　입니다.

(4) 親의 뜻은 　　　입니다.

2 아래 한자의 훈과 음을 빈칸에 쓰세요.

(1) 別 　　　

(2) 行 　　　

(3) 死 　　　

(4) 苦 　　　

3 아래 훈과 음에 해당하는 한자를 빈칸에 쓰세요.

(1) 뜻 의 　　　　(2) 사귈 교 　　　

(3) 친할 친 　　　　(4) 잃을 실 　　　

(5) 사랑 애 　　　

4 주어진 한자와 음이 같은 한자를 고르세요.

(1) 〔交〕 ① 感 ② 校 ③ 室 ④ 命

(2) 〔使〕 ① 心 ② 死 ③ 食 ④ 來

(3) 〔行〕 ① 幸 ② 聞 ③ 平 ④ 方

(4) 〔苦〕 ① 草 ② 花 ③ 道 ④ 古

5 한자와 뜻의 연결이 바르지 <u>않은</u> 것은?

(1) ① 會 - 모이다　② 等 - 익히다
　　③ 孫 - 손자　　④ 現 - 나타나다

(2) ① 行 - 다니다　② 醫 - 의원
　　③ 部 - 거느리다 ④ 圖 - 몸

(3) ① 社 - 모이다　② 級 - 각각
　　③ 李 - 오얏　　④ 在 - 있다

(4) ① 運 - 옮기다　② 科 - 과목
　　③ 族 - 겨레　　④ 晝 - 낮

6 훈과 음에 알맞은 한자를 보기에서 골라 빈 칸에 쓰세요.

보기　書 今 科 言

(1) 말씀 언 　　　

(2) 이제 금 　　　

(3) 글 서 　　　

(4) 과목 과

실전 속 한자 어문회

1 다음 밑줄 친 漢字語의 讀音을 쓰세요.

> 보기 　漢字 → 한자

(1) 우리는 대화를 나누며 서로 交感하였습니다. (　　　　)

(2) 공원에서는 공중도덕을 잘 지켜서 行動해야 합니다. (　　　　)

(3) 우리가 親交를 맺은 지 벌써 30년이 되었습니다. (　　　　)

(4) 수업 始作을 알리는 종이 울렸습니다. (　　　　)

(5) 저는 우리나라가 선진국이 될 날을 苦待하고 있습니다. (　　　　)

2 다음 漢字의 訓과 音을 쓰세요.

> 보기 　字 → 글자 자

(1) 感 (　　　　)　　(2) 愛 (　　　　)

(3) 意 (　　　　)　　(4) 苦 (　　　　)

(5) 親 (　　　　)　　(6) 別 (　　　　)

(7) 死 (　　　　)　　(8) 失 (　　　　)

3 다음 밑줄 친 漢字語의 漢字를 쓰세요.

> 보기 　국어 → 國語

(1) 소방차가 긴급 출동을 하였습니다. (　　　　)

(2) 특용 작물 재배로 연간 소득이 많이 올랐습니다. (　　　　)

(3) 식물은 빛을 이용해 양분을 만듭니다. (　　　　)

4 다음 漢字의 반대 또는 상대되는 글자를 골라 그 번호를 쓰세요.

(1) 苦 : ① 感 ② 交 ③ 行 ④ 樂 [　　]

(2) 死 : ① 別 ② 愛 ③ 親 ④ 生 [　　]

5 다음 (　　)에 알맞은 漢字를 〈보기〉에서 찾아 그 번호를 쓰세요.

> 보기 　① 親　② 死　③ 愛　④ 苦

(1) 九　□　一生 : 죽을 고비를 벗어나 겨우 살아남.

(2) 父子有　□ : 어버이와 자녀 사이에는 친애함이 있어야 함.

6 다음 漢字와 뜻이 비슷한 漢字를 골라 그 번호를 쓰세요.

(1) 別 : ① 苦 ② 班 ③ 行 ④ 意 [　　]

7 다음 漢字語의 뜻을 풀이하세요.

> 보기 　國力 → 나라의 힘

(1) 失禮 :

8 다음 漢字의 짙게 표시한 획은 몇 번째 쓰는 획인지 숫자로 쓰세요.

(1) [　　]　　(2) [　　]

10 미래 우주 여행 - 자연

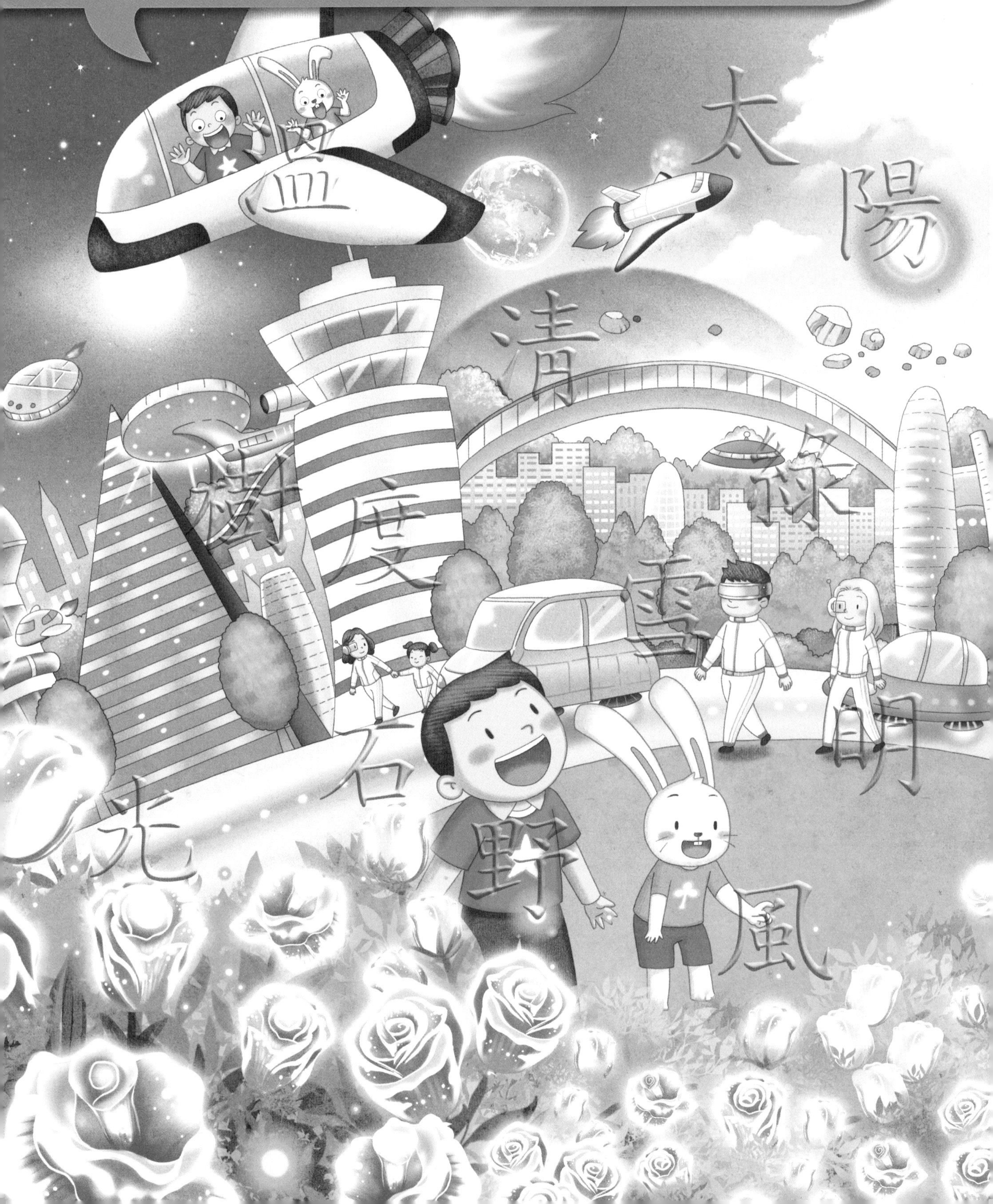

승빈이는 우주에 대해 관심이 많아서 우주 여행을 하고 싶어요. 지금의 우주도 좋지만, 미래의 우주가 더 재미있을 것 같다고 생각했어요. 그래서 토팡이와 함께 미래의 화성으로 떠나기로 했어요. 지구와 가장 가까운 별 화성으로 출발~

신기하게도 지구와 많이 다를 것이 없어 보였지만 분명히 다를 것이라고 생각했어요. 청(淸)명(明)한 날씨에 태(太)양(陽)도 보이고, 상록(綠)수(樹)도 보이고, 아름다운 하얀 장미가 펼쳐진 평야(野)가 있었어요. 야간이 되면 이 하얀 장미는 야광(光)으로 변해서 더 아름다웠어요. 화려하고 멋진 고층 빌딩들 사이로 우주선과 자동차가 빠른 속도로 날아 다니지만, 부딪히거나 사고가 나지 않는 것이 너무 신기했어요. 하지만 운석(石)이 곳곳에 떠있기 때문에 조심해야 했어요.

갑자기 불어오는 돌풍(風) 때문에 밖에 온(溫)도(度)가 낮아지자 우주선 안이 따뜻해졌어요. 식탁에 놓여진 따뜻한 백설(雪)기와 유자차를 보고 승빈이는 집에서 즐겨 먹던 음식들을 우주선에 먹으니 맛도 색다르게 느껴졌어요.

배부르게 먹고 나니 또 다른 새로운 별의 이곳 저곳이 궁금해졌어요. 토팡이와 머리를 맞대고 계획 세우기에 몰두 하다 보니 벌써 집에 가야 할 시간이 되었어요. 붕붕우산을 타고 집으로 가는 우주의 길은 너무 아름다웠어요.

 한자 예고편 🐟 그림 속에 숨어있는 한자들을 찾아보세요.

太 클 (태)	陽 볕 (양)	綠 푸를 (록/녹)	樹 나무 (수)
淸 맑을 (청)	風 바람 (풍)	溫 따뜻할 (온)	度 법도 (도)/헤아릴 (탁)
雪 눈 (설)	野 들 (야)	光 빛 (광)	明 밝을 (명)
石 돌 (석)			

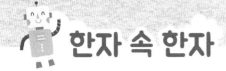

클 태

뜻은 크다이고, 태라고 읽어요.

奉 → 肯 → 太

大(큰 대)자가 위아래 나란히 쓰여진 글자로, 아래 부분 大를 생략하는 대신 점을 찍어 여전히 더 큰 것을 나타내는 모습에서 '크다'라는 뜻을 나타냅니다.

어

太

훈 클 음 태
(부수 大, 총 4획)

太	太	太
클 태	클 태	클 태

→ 흐린 색의 글씨를 따라 써보세요.

생활 속 한자

■ 나는 새해의 안녕과 太平(태평)을 기원하였습니다.

■ 아버지께서는 일 년 중 太半(태반)은 출장으로 보내십니다.

볕 양

뜻은 **볕**이고, **양**이라고 읽어요.

阝阝 → 昜 → 陽

햇볕이 언덕 아래에 비치는 모습에서 '볕'이라는 뜻을 나타냅니다.

어

陽

훈 **볕** 음 **양**
(부수 阝, 총 12획)

陽 볕 양

陽 볕 양

陽 볕 양

생활 속 한자

- 하늘에는 붉은 夕陽(석양)이 깔려 있습니다.
- 太陽(태양)의 힘으로 모든 식물이 자랍니다.

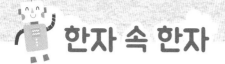

푸를 록(녹)

뜻은 푸르다이고, 록(녹)이라고 읽어요.

緑 → 緑 → 綠

실(絲 실 사)로 짠 옷감에 물을 들일 때 나무 껍질을 깎거나 찧어서 나오는 풀 물의 색깔이 푸른 모습에서 '푸르다'라는 뜻을 나타냅니다.

어

綠

훈 푸를 음 록(녹)
(부수 糸, 총 14획)

綠	綠	綠
푸를 록(녹)	푸를 록(녹)	푸를 록(녹)

➔ 흐린 색의 글씨를 따라 써보세요.

생활 속 한자

* '綠'이 단어의 맨 앞에 올 때는 '녹'으로 읽어요. 예 綠色(녹색), 綠草(녹초)

■ 新綠(신록)의 계절은 5월입니다.

■ 도심 한가운데 시민 공원을 만들고, 綠地(녹지)를 조성했습니다.

나무 수

🗨 뜻은 나무이고, 수라고 읽어요.

손으로 나무를 세워서 심는 모습에서 '나무'라는 뜻을
나타냅니다.

어

樹

훈 **나무** 음 **수**
(부수 木, 총 16획)

나무 수	나무 수	나무 수

생활 속 한자

- 하늘을 찌를 듯한 침엽樹林(수림)이 울창합니다.
- 樹木(수목)이 우거진 숲을 헤쳐 나가야 합니다.

맑을 청

뜻은 맑다이고, 청이라고 읽어요.

淸 → 淸 → 清

물이 맑고 푸른빛을 띠는 모습에서 '맑다'라는 뜻을
나타냅니다.

어

훈 맑을 음 청
(부수 氵, 총 11획)

清　清　清
맑을 청　맑을 청　맑을 청

→ 흐린 색의 글씨를 따라 써보세요.

생활 속 한자

▪ 산 속의 나무들이 淸風(청풍)이 불때마다 흔들흔들 춤을 춥니다.

▪ 그는 사진 기자 생활을 淸算(청산)하기로 마음먹었습니다.

바람 풍

뜻은 바람이고, 풍이라고 읽어요.

秀 → 鳳 → 風 → 風

바람이 불면 벌레가 많이 생기는 모습에서 '바람'이라는 뜻을 나타냅니다.

훈 **바람** 음 **풍**
(부수 風, 총 9획)

風	風	風
바람 풍	바람 풍	바람 풍

생활 속 한자

- 민족 고유의 風習(풍습)을 보존해야 합니다.
- 부드러운 南風(남풍)이 불어왔습니다.

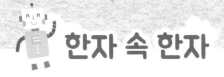

따뜻할 온

뜻은 **따뜻하다**이고, **온**이라고 읽어요.

溫 → 溫 → 溫

물(水 물 수)을 그릇(皿 그릇 명)에 담아 죄인(囚 가
둘 수)에게 주는 모습에서 '따뜻하다'라는 뜻을 나타
냅니다.

어

溫

훈 **따뜻할** 음 **온**
(부수 氵, 총 13획)

溫	溫	溫
따뜻할 온	따뜻할 온	따뜻할 온

→ 흐린 색의 글씨를 따라 써보세요.

생활 속 한자

- 溫室(온실) 효과로 지구 기온이 상승하고 있습니다.
- 난류는 기후를 溫和(온화)하게 합니다.

법도 도/헤아릴 탁

뜻은 법도/헤아리다이고,
도/탁이라고 읽어요.

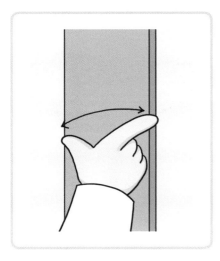

叹 → 度 → 度

손으로 길이를 재는 모습에서 '법도', '헤아리다'라는
뜻을 나타냅니다.

어

度

훈 법도   음 도
훈 헤아릴 음 탁
(부수 广, 총 9획)

법도 도/헤아릴 탁 | 법도 도/헤아릴 탁 | 법도 도/헤아릴 탁

생활 속 한자

- 선풍기를 활용하여 교실 溫度(온도)를 낮추었습니다.
- 用度(용도)에 따라 알맞은 연장을 써야 합니다.

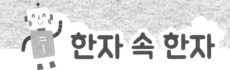

눈 설

뜻은 눈이고, 설이라고 읽어요.

雨雨 → 霙 → 雫 → 雪

비가 내리듯이 떨어지는 것을 손으로 뭉쳐 쥘 수 있는 눈의 모습에서 '눈'이라는 뜻을 나타냅니다.

어

雪

훈 눈 음 설
(부수 雨, 총 11획)

雪

눈 설

눈 설

눈 설

→ 흐린 색의 글씨를 따라 써보세요.

생활 속 한자

■ 기상청은 大雪(대설)주의보를 내렸습니다.

■ 세상은 온통 白雪(백설)로 뒤덮여 눈이 부셨습니다.

들 야

뜻은 **들**이고, **야**라고 읽어요.

$$\text{㞋㞋} \rightarrow \text{㞋㞋} \rightarrow \text{野} \rightarrow \text{野}$$

사람들이 모여 사는 마을 주위를 에워 싼 넓고 평평한 들의 모습에서 '들'이라는 뜻을 나타냅니다.

어

훈 **들** 음 **야**
(부수 里, 총 11획)

들 야

들 야

들 야

생활 속 한자

- 밖에 나가 野生(야생)식물을 관찰하였습니다.
- 모임에 참석한 사람들은 모두 각 分野(분야)의 전문가입니다.

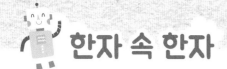

빛 광

뜻은 빛이고, 광이라고 읽어요.

꽃 → 꽃 → 꽃 → 光

사람의 머리 위에 한 덩어리의 불이 있는 모습에서
'빛'이라는 뜻을 나타냅니다.

어

光

훈 빛 음 광
(부수 儿, 총 6획)

光	光	光
빛 광	빛 광	빛 광

➔ 흐린 색의 글씨를 따라 써보세요.

생활 속 한자

- 형광등 아래 *夜光*(야광) 빛이 밝고 환하게 빛나고 있습니다.
- 현민이는 *電光石火*(전광석화)와 같은 빠른 결정을 내렸습니다.

밝을 명

뜻은 **밝**다이고, 명이라고 읽어요.

$\textit{◖○} \rightarrow \textit{明} \rightarrow \textit{明} \rightarrow \textbf{明}$

왼쪽 해의 모양으로 보이는 '日(해 일)'은 '창문'을 나타
내는 囧(빛날 경), 오른쪽 달의 모양으로 보이는 '月(달
월)'은 창문을 통하여 달을 보는 모습에서 '밝다'라는 뜻
을 나타냅니다.

어

明

훈 **밝을** 음 **명**
(부수 日, 총 8획)

明	明	明
밝을 **명**	밝을 명	밝을 명

생활 속 한자

- 판사는 사건을 公明正大 (공명정대)하게 처리하였습니다.
- 추석의 明月 (명월)은 밝기도 합니다.

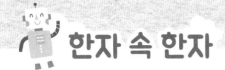

돌 석

뜻은 돌이고, 석이라고 읽어요.

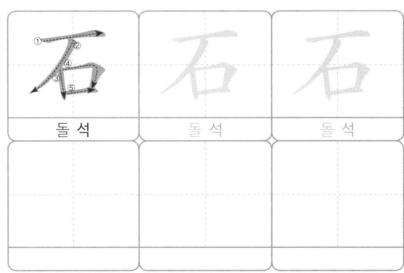

산의 벼랑 아래 돌덩이가 놓여 있는 모습으로 '돌'이
라는 뜻을 나타냅니다.

훈 돌 음 석
(부수 石, 총 5획)

石	石	石
돌 석	돌 석	돌 석

➤ 흐린 색의 글씨를 따라 써보세요.

생활 속 한자

- 石手(석수)들은 돌 다듬기에 몰두하고 있습니다.
- 석가탑과 다보탑은 백제의 石工(석공) 아사달이 만든 것으로 전해집니다.

리듬 속 한자

챈트 음원은 시사중국어사 홈페이지 book.chinasisa.com에서 무료로 다운로드 하실 수 있습니다.

 큰 대(大)에 점을 찍어 더 큰 **클 태**

 언덕 아래에 비치는 햇볕 **볕 양**

 실로 짠 옷감에 물을 들인 색깔 **푸를 록(녹)**

 손으로 나무를 세워서 심는 모습 **나무 수**

 맑고 푸른빛을 띠는 물 **맑을 청**

 바람이 불어 벌레가 생기는 모습 **바람 풍**

 물을 그릇에 담아 죄인에게 주는 모습 **따뜻할 온**

 손으로 길이를 재는 모습 **법도 도, 헤아릴 탁**

 내리는 눈을 손으로 뭉쳐 쥘 수 있는 눈 **눈 설**

 마을 주위를 둘러 싼 넓고 평평한 들 **들 야**

 사람 머리 위의 한 덩어리의 불 **빛 광**

 창문으로 통해 보는 달의 모습 **밝을 명**

 산벼랑 아래 돌덩이 **돌 석**

물고기 가족 찾기

1 수족관에 3개의 어항이 있는데, 한자 어항, 훈 어항, 음 어항이 있다.

2 각 어항에는 해당 한자 요소의 물고기들이 있다.(예: 한자 어항에는 한자 물고기)

3 이 수족관에는 5가족이 있는데, 아빠 물고기는 한자 어항에, 엄마 물고기는 훈 어항에, 아기 물고기는 음 어항에 있다.

4 이 5가족이 서로 만나려면 한자, 훈, 음이 모두 있는 물고기들을 찾아서 서로 연결해 주어야 한다.

5 어떤 한자 물고기 가족들이 있는지 5가족을 모두 찾아서 선으로 연결한 후, 아래 가족 명단에 한자, 훈, 음을 적는다.

6 가장 먼저 5가족을 모두 찾는 팀(사람)이 이긴다.

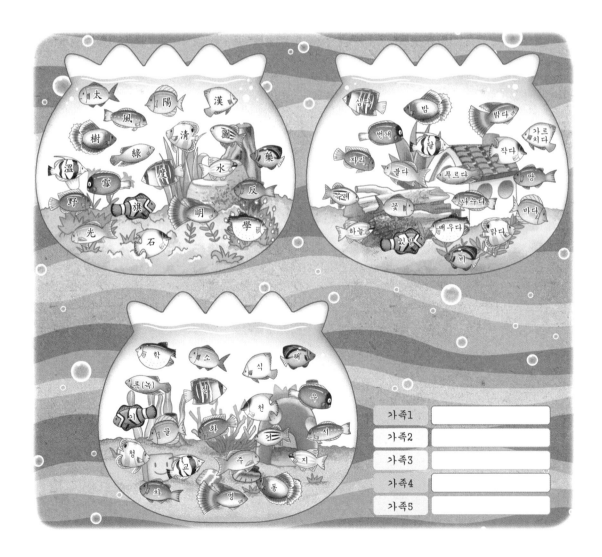

1 빈칸에 알맞은 훈(뜻)을 〈보기〉에서 골라 그 번호를 쓰세요.

보기

① 볕   ② 나무   ③ 따뜻하다

④ 푸르다   ⑤ 들

(1) 綠의 뜻은   입니다.

(2) 陽의 뜻은   입니다.

(3) 樹의 뜻은   입니다.

(4) 野의 뜻은   입니다.

2 아래 한자의 훈과 음을 빈칸에 쓰세요.

(1) 溫

(2) 淸

(3) 雪

(4) 度

3 아래 훈과 음에 해당하는 한자를 빈칸에 쓰세요.

(1) 클 태   (2) 바람 풍

(3) 빛 광   (4) 밝을 명

(5) 돌 석

4 주어진 한자와 음이 같은 한자를 고르세요.

(1) 〔樹〕 ① 式 ② 水 ③ 章 ④ 服

(2) 〔淸〕 ① 注 ② 病 ③ 靑 ④ 飮

(3) 〔野〕 ① 晝 ② 書 ③ 夕 ④ 夜

(4) 〔明〕 ① 命 ② 言 ③ 交 ④ 在

5 한자와 뜻의 연결이 바르지 <u>않은</u> 것은?

(1) ① 和 - 화합하다 ② 各 - 쓰다
    ③ 昨 - 어제   ④ 理 - 다스리다

(2) ① 身 - 몸   ② 戰 - 싸움
    ③ 美 - 아름답다 ④ 親 - 새롭다

(3) ① 合 - 합하다 ② 班 - 나누다
    ③ 今 - 이름   ④ 由 - 말미암다

(4) ① 果 - 실과   ② 術 - 재주
    ③ 愛 - 사랑하다 ④ 讀 - 공부하다

6 훈과 음에 알맞은 한자를 보기에서 골라 빈칸에 쓰세요.

보기   記   秋   間   姓

(1) 사이 간

(2) 가을 추

(3) 성씨 성

(4) 기록할 기

실전 속 한자 (어문회)

1 다음 밑줄 친 漢字語의 讀音을 쓰세요.

보기　漢字 → 한자

(1) 언덕 위로 올라가니 마른 풀밭이 <u>陽地</u>
바른 곳에 널찍이 펼쳐져 있었습니다.
(　　　　)

(2) <u>植樹</u>는 알맞은 때에 땅의 성질에 맞게
해야 합니다. (　　　　)

(3) <u>光速</u>보다 더 빠른 비행기는 없습니다.
(　　　　)

(4) <u>野外</u>에 가서 시원한 공기 좀 쐬고 옵시
다. (　　　　)

2 다음 漢字의 訓과 音을 쓰세요.

보기　字 → 글자 자

(1) 陽 (　　　　) (2) 樹 (　　　　)

(3) 溫 (　　　　) (4) 雪 (　　　　)

(5) 野 (　　　　) (6) 淸 (　　　　)

(7) 綠 (　　　　) (8) 度 (　　　　)

3 다음 밑줄 친 漢字語의 漢字를 쓰세요.

보기　국어 → 國語

(1) 우리나라는 단풍이 아름답기로 <u>유명</u>합니다.
(　　　　)

(2) 지하철에서 몸이 <u>불편</u>한 사람에게 자리를
양보합니다. (　　　　)

(3) 잠들기 <u>직전</u>에는 음식을 안 먹는 게 좋습니다.
(　　　　)

4 다음 (　　)에 알맞은 漢字를 〈보기〉에서 찾
아 그 번호를 쓰세요.

보기
① 雪　　② 光　　③ 溫　　④ 石

(1) 九十春　　　 : 봄의 90일 동안. 노인
의 마음이 청년처럼 젊음.

(2) 電光　　　火 : 번갯불이나 부싯돌의
불빛처럼 매우 짧은 시간.

5 다음 漢字와 뜻이 비슷한 漢字를 골라 그
번호를 쓰세요.

(1) 光 : ① 溫 ② 色 ③ 雪 ④ 野
(2) 樹 : ① 明 ② 石 ③ 風 ④ 木

6 다음 중 소리는 같으나 뜻이 다른 漢字를 골
라 그 번호를 쓰세요.

(1) 明 : ① 石 ② 光 ③ 名 ④ 風
(2) 樹 : ① 太 ② 度 ③ 雪 ④ 手

7 다음 漢字語의 뜻을 풀이하세요.

보기　國力 : 나라의 힘

(1) 角度 :

(2) 體溫 :

8 다음 漢字의 짙게 표시한 획은 몇 번째 쓰
는 획인지 숫자로 쓰세요.

(1) 陽　　　　　(2) 風

問 題
물을 **문**　제목 **제**

해답을 요구하는 물음
예 길을 걷다가 한 달 내내 생각하던 問題(문제)의 답이 갑자기 생각났습니다.

配 列
짝 **배**　벌일 **열**

일정한 차례나 간격에 따라 벌여 놓음
예 숫자카드를 크기 순서대로 配列(배열)해 보았습니다.

分 離
나눌 **분**　떠날 **리**

서로 나뉘어 떨어짐
예 매주 일요일은 쓰레기 分離(분리)수거 하는 날입니다.

溫 度
따뜻할 **온**　법도 **도**

따뜻함과 차가움의 정도
예 물의 溫度(온도)에 따라 물고기의 호흡수가 변화합니다.

化 學
될 **화**　배울 **학**

물질의 성질과 구조, 다른 물질과의 반응 등을 연구하는 학문
예 化學(화학) 물질을 다루는 과학 실험을 할 때는 특별히 조심해야 합니다.

混 合 物
섞을 **혼**　합할 **합**　물건 **물**

여러 가지가 뒤섞여서 이루어진 물건
예 거름종이를 이용해 混合物(혼합물)을 분리해 보았습니다.

着 陸
붙을 **착**　뭍 **륙**

비행기 따위가 공중에서 활주로나 판판한 곳에 내림
예 우리 가족이 탄 비행기가 곧 着陸(착륙)합니다.

승빈이는 여름 방학이 돼서 경(京)기도에서 과수원을 하시는 외할머니 댁에 놀러 갔어요.

외할머니댁 과수원은 개울가를 경계로 왼쪽은 수박밭, 오른쪽은 참외밭으로 구(區)분(分)되어 있어요. 이 개울가는 승빈이가 어렸을 때부터 아빠와 함께 은(銀)빛 물고기도 잡고, 공 던지기 놀이도 하고, 딱지치기와 구(球)슬 치기도 하면서 보낸 곳이에요.

승빈이와 토팡이는 수박밭 옆에 있는 삼각(角)형(形) 모양의 원두막에서 잘 익은 수박을 반(半)씩 나눠 먹고, 낮잠을 자고 일어나니 소나기가 주룩주룩 내렸어요. 시원하게 소나기가 내리니 할머니께서 프라이팬에 식용유(油)를 두르고 연근(根) 부침개는 만들어 주셨어요.

비가 그치자 승빈이가 왔다는 소(消)식을 들은 소꿉 친구들이 원두막으로 모였어요. 여름이 되면, 원두막은 승빈이와 친구들의 놀이 본(本)부가 돼요. 승빈이는 할머니 댁에 올 때마다 늘 집에 가기 싫다고 투덜거리며 영(永)원히 시간이 멈췄으면 좋겠다고 말하곤 했어요. 왜냐 하면 할머니 댁에 오면 맛있는 과일도 먹고, 물놀이도 하고, 물고기도 잡고, 숙제 걱정을 하지 않고 친구들과도 놀 수 있기 때문이에요.

하지만 이런 즐거움도 잠시, 승빈이의 마음 한구석에는 밀린 방학 숙제와 일기 쓰기가 남아 있어서 마음이 무거워졌어요. 오늘은 신나게 놀고 내일부터는 열심히 숙제도 하고, 남은 방학 을 더 알차게 보낼 특급 계획을 다시 세울 거예요.

이렇게 추억이 많은 곳에서 토팡이와 함께 와서 시간을 보내니 승빈이는 더 즐거웠답니다.

 한자 예고편 🐟 그림 속에 숨어있는 한자들을 찾아보세요.

油 기름 (유)	形 모양 (형)	球 공 (구)	根 뿌리 (근)
本 근본 (본)	銀 은 (은)	永 길 (영)	半 반 (반)
角 뿔 (각)	區 구분할/지경 (구)	分 나눌 (분)	消 사라질 (소)
京 서울 (경)			

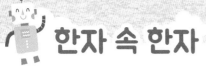

기름 유

🗨 뜻은 기름이고, 유라고 읽어요.

🥣 → 油 → 油

물의 뜻인 水(물 수)와 由(말미암을 유)가 합쳐진 글자로, 본래 '강물'의 이름이었으나 물의 성질을 지니고 있는 '기름'의 모습에서 '기름'이라는 뜻을 나타냅니다.

어

油

훈 기름 음 유
(부수 氵, 총 8획)

기름 유

기름 유

기름 유

↪ 흐린 색의 글씨를 따라 써보세요.

생활 속 한자

■ 注油所(주유소)에 들러 기름을 넣어야 합니다.
■ 집에 石油(석유)가 다 떨어져서 난로를 켜지 못하고 있습니다.

모양 형

뜻은 모양이고, 형이라고 읽어요.

形 → 形 → 形

붓으로 물체의 형상을 그리는 모습에서 '모양'이라는
뜻을 나타냅니다.

어

形

훈 **모양** 음 **형**
(부수 彡, 총 7획)

모양 형	모양 형	모양 형

생활 속 한자

- 나는 수학 圖形(도형) 문제를 푸는 데 자신이 있습니다.
- 이 기쁨은 뭐라 形言(형언)하기 어렵습니다.

공 구

뜻은 공이고, 구라고 읽어요.

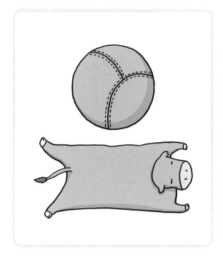

球 → 球

玉(구슬 옥)으로 인해 원래 둥근 아름다운 옥(玉)을 뜻했으나, 그 모양이 공처럼 둥글기 때문에 오늘날은 주로 '공'이라는 뜻을 나타냅니다.

어

球

훈 공 음 구
(부수 玉, 총 11획)

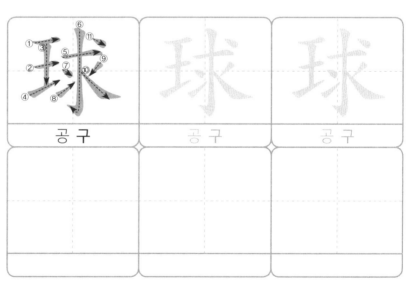

공 구

공 구

공 구

→ 흐린 색의 글씨를 따라 써보세요.

생활 속 한자

- 일요일에 野球(야구) 경기 관람을 했습니다.
- 시합 도중 다리를 삔 종현이가 球場(구장) 밖으로 나왔습니다.

뿌리 근

뜻은 **뿌리**이고, 근이라고 읽어요.

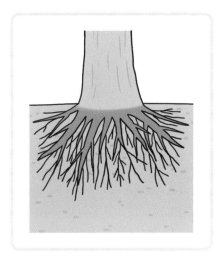

땅 속에서 자라는 나무 줄기의 뿌리 모양에서 '뿌리'라는 뜻을 나타냅니다.

훈 **뿌리** 음 **근**
(부수 木, 총 10획)

뿌리 근	뿌리 근	뿌리 근

생활 속 한자

- 그는 根本(근본)이 좋은 사람입니다.
- 요즘 젊은이들은 힘든 일을 극복하는 根氣(근기)가 부족합니다.

근본 본

뜻은 근본이고, 본이라고 읽어요.

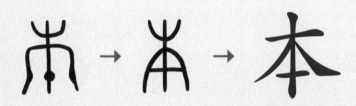

木(나무 목)의 뿌리 부분에 둥근 점이나 짧은 가로 획이 그어져 있어 나무 뿌리가 있는 곳을 가리키며, 나무 뿌리를 지탱해 주는 모습에서 '근본'이라는 뜻을 나타냅니다.

훈 근본 음 본
(부수 木, 총 5획)

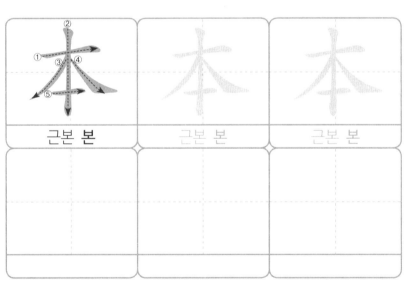

근본 본

근본 본

근본 본

↱ 흐린 색의 글씨를 따라 써보세요.

생활 속 한자

- 그는 本來(본래)가 성품이 온순한 사람입니다.
- 저는 이 문제를 학자 本然(본연)의 자세로 접근하여 풀겠습니다.

은 은

뜻은 은빛이고, 은이라고 읽어요.

銀 → 銀 → 銀 → 銀

광택이 나는 쇠(金 쇠 금)의 일종인 은의 모양에서 '은'이라는 뜻을 나타냅니다.

어

銀

훈 은 음 은
(부수 金, 총 14획)

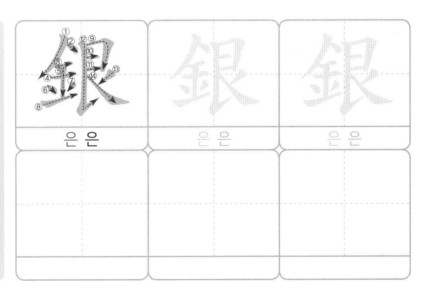

은 은

은 은

은 은

생활 속 한자

- 선영이의 옷은 銀色(은색) 꽃무늬로 치장되어 있습니다.
- 현서는 용돈을 알뜰히 모아 銀行(은행)에 저축하였습니다.

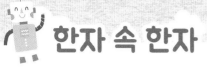
길 영

뜻은 **길다**이고, **영**이라고 읽어요.

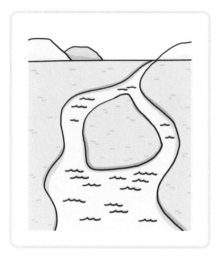

강물이 길게 흘러가거나 강 물결이 출렁거리며 넘실
거리는 모습에서 '길다'라는 뜻을 나타냅니다.

훈 길 **음** 영
(부수 水, 총 5획)

길 영	길 영	길 영

➜ 흐린 색의 글씨를 따라 써보세요.

생활 속 한자

- 이 사건은 역사에 *永遠*(영원)히 기록될 것입니다.
- 종교는 사람을 *永生*(영생)하게 하는 힘을 갖는다고 합니다.

반 반

뜻은 반이고, 반이라고 읽어요.

옛날 사람들이 길렀던 가축 중에서 가장 몸집이 큰 소를
반으로 나눈 모습에서 '반'이라는 뜻을 나타냅니다.

어

훈 반 **음** 반
(부수 十, 총 5획)

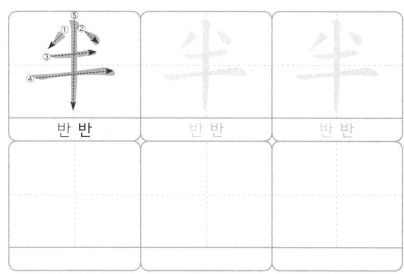

반 반	반 반	반 반

생활 속 한자

- 지구면을 둘로 나눈 한 부분을 半球(반구)라고 합니다.
- 선수들이 後半(후반)에 가서는 모두 지쳤습니다.

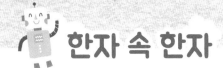

뿔 각

뜻은 뿔이고, 각이라고 읽어요.

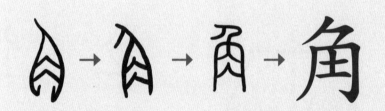

동물 뿔의 모양에서 '뿔'이라는 뜻을 나타냅니다.

어

角

훈 뿔 음 각
(부수 角, 총 7획)

角	角	角
뿔 각	뿔 각	뿔 각

➤ 흐린 색의 글씨를 따라 써보세요.

생활 속 한자

- 수학에 頭角(두각)을 나타냈습니다.
- 여러 角度(각도)에서 문제를 검토했습니다.

구분할/지경 구

뜻은 **구분하다**, **지경**이고, **구**라고 읽어요.

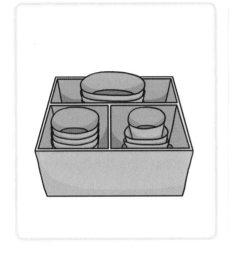

삣 → 仄 → 匼 → 區

많은 그릇 혹은 물건을 나누어 한쪽 구석에 갖춰둔 모습에서 '구분하다'라는 뜻을 나타냅니다. 또한 다시 나누어진 땅의 경계를 의미하는 '지경'의 뜻을 나타내기도 합니다.

어

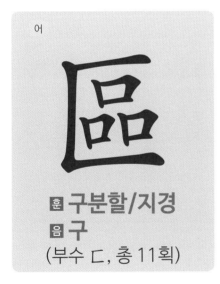

훈 **구분할/지경**
음 **구**
(부수 匸, 총 11획)

구분할/지경 구	구분할/지경 구	구분할/지경 구

생활 속 한자

- 좋은 과일을 區別(구별)하기가 쉽지 않습니다.
- 區間(구간)에 따라 차량의 속도가 다릅니다.

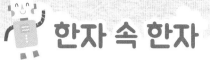

나눌 분

뜻은 나누다이고, 분이라고 읽어요.

ㅂ→ ㅂ → ⼃⼃ → 分

무언가 양쪽으로 나눠진 모양의 八(여덟 팔)과 칼 모양을 나타내는 刀(칼 도)와 합쳐진 글자로, 칼로 무언가 나누는 모습에서 '나누다'라는 뜻을 나타냅니다.

어

훈 **나눌** 음 **분**
(부수 刀, 총 4획)

나눌 분	나눌 분	나눌 분

➜ 흐린 색의 글씨를 따라 써보세요.

생활 속 한자

- 손오공은 分身(분신)술을 하였습니다.
- 名分(명분)을 지키고 훌륭한 일을 해냈습니다.

사라질 소

뜻은 사라지다이고, 소라고 읽어요.

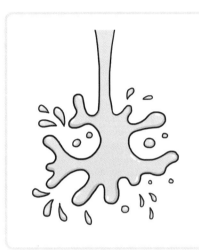

辸 → 㳠 → 消

점점 물이 다 말라 없어지는 모습에서 '사라지다'라는 뜻을 나타냅니다.

어

消

훈 사라질 음 소
(부수 氵, 총 10획)

消 사라질 소	消 사라질 소	消 사라질 소

생활 속 한자

- 전쟁 통에 많은 문화재가 消失(소실) 되었습니다.
- 우리는 消風(소풍) 가서 보물찾기 놀이를 했습니다.

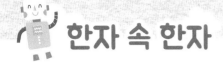

서울 경

뜻은 서울이고, 경이라고 읽어요.

$$京 → 京 → 京 → 京$$

높은 토대 위에 지은 궁궐과 같은 건물은 임금이 사는 서울에서 볼 수 있는 모습이기 때문에 '서울'이라는 뜻을 나타냅니다.

어

京

훈 서울 **음** 경
(부수 ㅗ, 총 8획)

京 서울 경	京 서울 경	京 서울 경

→ 흐린 색의 글씨를 따라 써보세요.

생활 속 한자

- 고향에 내려갔다가 그날 저녁 기차로 上京(상경)했습니다.
- 각 지방에서 선수들이 入京(입경)하였습니다.

리듬 속 한자

빈칸에 알맞은 한자를 써보세요.

챈트 음원은 시사중국어사 홈페이지 book.chinasisa.com에서 무료로 다운로드 하실 수 있습니다.

 물의 성질을 가진 기름 **기름 유**

 붓으로 물체를 그리는 모습 **모양 형**

 공처럼 둥근 모양 **공 구**

 땅 속에서 자라는 나무의 뿌리 **뿌리 근**

 나무 뿌리를 지탱해 주는 모습 **근본 본**

 광택이 나는 은 **은 은**

 강물이 길게 흘러가는 모습 **길 영**

 몸집이 큰 소를 반으로 나눈 모습 **반 반**

 동물의 뿔 **뿔 각**

 그릇을 나누어 구석에 모아놓은 모습 **구분할/지경 구**

 칼로 물건을 나누는 모습 **나눌 분**

 점점 물이 다 말라 없어지는 모습 **사라질 소**

 임금이 사는 서울 **서울 경**

땅 따먹기!

1 한국 지도의 각 지역에는 한자의 요소(한자, 훈, 음)가 적혀 있다.

2 두 팀(사람)이 '가위 바위 보'를 하여 이긴 팀(사람)은 지도에 있는 땅을 한 칸씩 색칠하고
훈, 음을 말하면 땅을 획득할 수 있다. 단, 땅 중에는 한자의 요소(한자, 훈, 음)가 바르게 적
힌 땅이 있고, 틀리게 적힌 땅이 있는데, 그 중 한자의 요소(한자, 훈, 음)가 바르게 적힌 땅
만 가질 수 있다.

3 한자의 요소(한자, 훈, 음)가 바르게 적힌 땅을 모두 나누어 획득했다고 판단이 되면, 부록의
정답을 보고 땅을 맞게 획득했는지 확인을 한다.

4 만약 가질 수 없는 땅(한자의 요소가 틀리게 적힌 땅)을 획득했을 경우, 그 땅은 무효가 된다.

5 최종으로 '한자의 요소(한자, 훈, 음)'가 바르게 적힌 땅을 가장 많이 획득한 팀(사람)이 승리
한다.

문제 속 한자

1 빈칸에 알맞은 훈(뜻)을 〈보기〉에서 골라 그 번호를 쓰세요.

> 보기
> ① 나누다   ② 공   ③ 모양
> ④ 사라지다   ⑤ 뿌리

(1) 球의 뜻은   입니다.

(2) 根의 뜻은   입니다.

(3) 消의 뜻은   입니다.

(4) 形의 뜻은   입니다.

2 아래 한자의 훈과 음을 빈칸에 쓰세요.

(1) 銀

(2) 區

(3) 油

(4) 角

3 아래 훈과 음에 해당하는 한자를 빈칸에 쓰세요.

(1) 길 영   (2) 반 반

(3) 근본 본   (4) 나눌 분

(5) 서울 경

4 주어진 한자와 음이 같은 한자를 고르세요.

(1) 〔角〕 ① 重 ② 各 ③ 便 ④ 話

(2) 〔區〕 ① 平 ② 色 ③ 川 ④ 口

(3) 〔消〕 ① 世 ② 市 ③ 農 ④ 少

(4) 〔油〕 ① 理 ② 里 ③ 由 ④ 語

5 한자와 뜻의 연결이 바르지 <u>않은</u> 것은?

(1) ① 堂 - 집   ② 開 - 닫다
　　③ 公 - 공평하다 ④ 洋 - 큰 바다

(2) ① 勝 - 이기다   ② 音 - 소리
　　③ 失 - 잃다   ④ 庭 - 동산

(3) ① 始 - 성씨   ② 定 - 정하다
　　③ 藥 - 약   ④ 樂 - 즐기다

(4) ① 成 - 이루다   ② 例 - 법식
　　③ 窓 - 동굴   ④ 計 - 세다

6 훈과 음에 알맞은 한자를 보기에서 골라 빈칸에 쓰세요.

> 보기   然   前   心   草

(1) 마음 심

(2) 앞 전

(3) 풀 초

(4) 그럴 연

실전 속 한자 어문회

1 다음 밑줄 친 漢字語의 讀音을 쓰세요.

> 보기 漢字 → 한자

(1) 가정 形便이 안 좋은 집을 도와줍시다.
（　　　）

(2) 油畫 물감은 일반 물감과는 달리 이미 칠한 곳 위에 덧바를 수가 있어 좋습니다.
（　　　）

(3) 球速이 빠르면 좋은 투수가 되는 데 유리합니다. （　　　）

(4) 문방구에서 三角자와 각도기를 샀습니다. （　　　）

(5) 작은 部分이라도 놓쳐서는 안됩니다.
（　　　）

2 다음 漢字의 訓과 音을 쓰세요.

> 보기 字 → 글자 자

(1) 根 (　　　)　(2) 球 (　　　)

(3) 區 (　　　)　(4) 銀 (　　　)

(5) 形 (　　　)　(6) 消 (　　　)

(7) 角 (　　　)　(8) 油 (　　　)

3 다음 밑줄 친 漢字語의 漢字를 쓰세요.

> 보기 국어 → 國語

(1) 이제 이 지역의 명소로 자리 잡았습니다.
（　　　）

(2) 이 물건은 천금을 준다고 해도 내놓을 수 없습니다. （　　　）

(3) 그는 불효를 저지르고 뒤늦게 후회했습니다.
（　　　）

4 다음 (　)에 알맞은 漢字를 〈보기〉에서 찾아 그 번호를 쓰세요.

> 보기 ① 角 ② 形 ③ 本 ④ 根

(1) 同姓同　　　 : 성씨도 같고 본관도 같은 동족의 뜻.

(2) 正多　　　形 : 변의 길이와 각의 크기가 같은 다각형.

5 다음 漢字와 뜻이 비슷한 漢字를 골라 그 번호를 쓰세요.

(1) 分 : ① 本 ② 別 ③ 油 ④ 形

6 다음 중 소리는 같으나 뜻이 다른 漢字를 골라 그 번호를 쓰세요.

(1) 球 : ① 本 ② 永 ③ 形 ④ 區
(2) 消 : ① 銀 ② 根 ③ 少 ④ 球

7 다음 漢字語의 뜻을 풀이하세요.

> 보기 國力 : 나라의 힘

(1) 分野 :

(2) 消失 :

8 다음 漢字의 짙게 표시한 획은 몇 번째 쓰는 획인지 숫자로 쓰세요.

(1) 根　　　(2) 銀

진흥회 알고 보면 한자어!!!

賞　品
상줄 **상**　물건 **품**

상으로 주는 물품
예 글짓기 대회에서 동시집을 賞品(상품)으로 받았습니다.

一　周
한 **일**　두루 **주**

일정한 경로를 한 바퀴 돎
예 누구나 한 번쯤은 세계 一周(일주) 여행을 꿈꿉니다.

周　邊
두루 **주**　가 **변**

어떤 대상의 둘레
예 학교 周邊(주변)에는 문구점이 있습니다.

苦　悶
쓸 **고**　답답할 **민**

마음속으로 괴로워하며 속을 태움
예 친구에게 苦悶(고민)을 털어 놓았습니다.

恭　遜
공손할 **공**　겸손할 **손**

말이나 행동이 겸손하고 예의 바름
예 선생님께 恭遜(공손)히 인사를 하였습니다.

儉　素
검소할 **검**　본디 **소**

사치하지 않고 꾸밈없이 수수함
예 儉素(검소)하고 부지런한 생활을 실천해 봅시다.

無　關　心
없을 **무**　관계할 **관**　마음 **심**

관심이나 흥미가 없음
예 동생은 책 읽기는 좋아하지만 운동에는 無關心(무관심)합니다.

이야기 속 한자

오늘은 토팡이가 토끼왕국으로 돌아가는 날이에요.

승빈이는 토팡이와 마지막으로 단풍 구경을 함께 가기로 했어요. 집에서 단(短)시간에 단풍 구경을 갈 수 있는 남산을 향(向)해 출발(發)했어요. 남산에는 코스모스, 국화 등 다(多)양한 꽃들이 피어 있고, 방(放)송에는 가을과 어울리는 음악들이 흘러나왔어요. 승빈이와 토팡이는 여러 꽃들의 공(共)통점을 찾기 시작했는데, 그것은 바로 꽃들은 약(弱)해 보이지만 사람들을 기분 좋게 해주는 강(强)한 힘이 있다는 것이었어요. 또 꽃들은 땅의 반대(對) 방향인 하늘을 향해서 직선(線)또는 곡선(線)으로 뻗으며 자라는 것이었어요.

단풍 길을 걷고 있으니 저절로 마음이 차분해지는 느낌도 들고, 바람에 날리는 빨갛게 물든 단풍과 노랗게 물든 은행잎이 너무 멋졌어요. 승빈이는 이런 아름다운 풍경에 토팡이를 담은 그림을 그려서 토팡이에게 선물로 주고 싶었어요. 승빈이의 그림 실력을 모르는 토팡이가 궁금해서 가까이 가서 그림을 보니 사진처럼 원(遠)근(近)감을 잘 살린 멋진 그림이었어요. 토팡이는 승빈이의 따뜻한 마음에 감동해서 눈에서 구슬 같은 눈물 방울이 또르륵 떨어졌어요. 토팡이의 눈물을 본 승빈이는 매번 토팡이에게 받기만 한 것 같아서 스스로 반성(省)을 하게 되었어요. 토팡이는 토끼왕국으로 돌아가게 되더라도 승빈이와 함께 했던 모든 추억들을 잊을 수 없을 것 같다고 아쉬워하며 승빈이와 다음을 약속하며 붕붕우산을 타고 떠났어요.

 🐟 그림 속에 숨어있는 한자들을 찾아보세요.

强 강할 (강)   弱 약할 (약)   遠 멀 (원)
近 가까울 (근)   放 놓을 (방)   線 줄 (선)
多 많을 (다)   發 필 (발)   短 짧을 (단)
對 대할 (대)   向 향할 (향)   共 한가지/함께 (공)
省 살필 (성)/ 덜 (생)

강할 강

뜻은 강하다이고, 강이라고 읽어요.

猵 → 彊 → 彊 → 强

본래 벌레의 일종인 바구미를 뜻했으나, 탄력이 센 활을 나타내는 彊(굳셀 강)과 서로 음이 같아 통용되면서 '강하다'라는 뜻을 나타냅니다.

어

强

훈 강할 음 강
(부수 弓, 총 12획)

强
강할 강

强
강할 강

强
강할 강

→ 흐린 색의 글씨를 따라 써보세요.

생활 속 한자

■ 주민들은 공사 强行(강행)에 반발했습니다.
■ 强風(강풍)에 고목이 쓰러졌습니다.

약할 약

뜻은 **약하다**이고, **약**이라고 읽어요.

弱 → 弱 → 弱

지친 새가 날개를 축 늘어뜨리고 있는 모습에서 '약하다'라는 뜻을 나타냅니다.

어

弱

훈 **약할** 음 **약**
(부수 弓, 총 10획)

약할 약	약할 약	약할 약

생활 속 한자

- 나는 버스에서 *老弱者*(노약자)에게 자리를 양보하였습니다.
- 서연이는 몹시 *心弱*(심약)했고 매사에 소극적이었습니다.

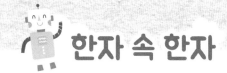

멀 원

뜻은 **멀다**이고, **원**이라고 읽어요.

佐 → 遠 → 達 → 遠

부모가 세상을 떠나면 상주들은 긴 옷의 상복을 입고 쉬엄쉬엄 멀리 가서 장례를 치르는 모습에서 '멀다'라는 뜻을 나타냅니다.

어

遠

훈 멀 **음** 원
(부수 辶, 총 14획)

멀 원	멀 원	멀 원

→ 흐린 색의 글씨를 따라 써보세요.

생활 속 한자

- 차에 탄 승객들은 모퉁이를 돌 때 遠心力(원심력)을 느낄 수 있습니다.
- 할아버지는 遠洋(원양)에 나가 물고기를 잡습니다.

가까울 근

뜻은 **가깝다**이고, 근이라고 읽어요.

近 → 斦 → 近

물건을 작게 만들기 위해 가까운 거리에 있는 도끼를
가지러 가는 모습에서 '가깝다, 가까이하다'라는 뜻을
나타냅니다.

어

近

훈 **가까울** 음 **근**
(부수 辶, 총 8획)

近
가까울 근

近
가까울 근

近
가까울 근

생활 속 한자

▪ 그림을 그릴 때 遠近(원근)을 잘 나타내면 그럴 듯합니다.
▪ 우리 학교 近方(근방)에는 문구점이 없습니다.

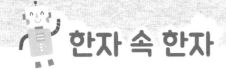

놓을 방

뜻은 놓다이고, 방이라고 읽어요.

放 → 放 → 放

나쁜 사람을 중앙으로부터 쫓아내는 형벌의 의미로 쓰였다가 나중에는 살짝 물건을 놓는 모습에서 '놓다'라는 뜻을 나타냅니다.

어

放

훈놓을 음방
(부수 攵, 총 8획)

放	放	放
놓을 방	놓을 방	놓을 방

↗ 흐린 색의 글씨를 따라 써보세요.

생활 속 한자

- 여러분들도 放心(방심)하지 말고 행동해야 합니다.
- 우리 동네 도서관은 24시간 開放(개방)합니다.

줄 선

뜻은 줄이고, 선이라고 읽어요.

缐 → 線 → 線

가느다란 실이 여러 줄로 엮여 있는 줄의 모습에서
'줄'이라는 뜻을 나타냅니다.

어

線

훈 **줄** 음 **선**
(부수 糸, 총 15획)

줄 선　　　　줄 선　　　　줄 선

생활 속 한자

■ 오늘 학교에서 直線(직선)을 바로 긋는 연습을 하였습니다.
■ 그 집에는 電線(전선)이 복잡하게 얽혀 있었습니다.

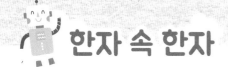

많을 다

뜻은 많다이고, 다라고 읽어요.

꿈 → 꿈 → 多

신에게 바치는 고기를 많이 쌓아 놓은 모습에서 '많다'라는 뜻을 나타냅니다.

훈 많을 음 다
(부수 夕, 총 6획)

많을 다	많을 다	많을 다

→ 흐린 색의 글씨를 따라 써보세요.

생활 속 한자

- 현우는 多讀(다독)을 해서 그런지 모르는 것이 없습니다.
- 더 크게 다치지 않은 게 千萬多幸(천만다행)입니다.

필 발

뜻은 피다이고, 발이라고 읽어요.

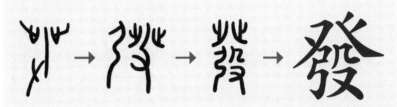

사람이 달려가며 투창을 던지는 모습에서 '피다, 쏘다'라는 뜻을 나타냅니다.

훈 **필** 음 **발**
(부수 癶, 총 12획)

필 발	필 발	필 발

생활 속 한자

- 수력 發電(발전)으로 많은 전기를 얻습니다.
- 사업자 선정 결과가 發表(발표)되었습니다.

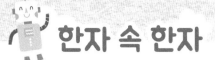

짧을 단

💬 뜻은 **짧**다이고, 단이라고 읽어요.

短 → 短 → 短

화살(矢 화살 시)은 곧은 물건이기에 옛날에 길이를 재는 용도로도 사용되었으며, 화살로 잰 길이가 짧은 모습에서 '짧다'라는 뜻을 나타냅니다.

어

短

훈 **짧을** 음 **단**
(부수 矢, 총 12획)

短	短	短
짧을 단	짧을 단	짧을 단

→ 흐린 색의 글씨를 따라 써보세요.

생활 속 한자

- 흔히 시조를 短歌(단가)라고 합니다.
- 천재는 短命(단명)한다는 말이 있습니다.

대할 대

뜻은 대하다이고, 대라고 읽어요.

對 → 對 → 對 → 對

손으로 물건을 잡고 있는 모습에서 '대하다, 마주보다'라는 뜻을 나타냅니다.

어

對

훈 **대할** 음 **대**
(부수 寸, 총 14획)

對 대할 대	對 대할 대	對 대할 대

생활 속 한자

- 실력이 對等(대등)해서 결과를 예측하기 어렵습니다.
- 나는 부모님과 깊은 對話(대화)를 나누었습니다.

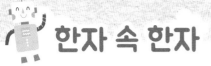

향할 향

뜻은 향하다이고, 향이라고 읽어요.

向 → 向 → 向 → 向

집을 지을 때 집안에 햇빛을 많이 들이기 위해 정면은 남쪽을 향하여 있고, 창문은 북쪽으로 향하여 있는 모습에서 '향하다'라는 뜻을 나타냅니다.

어 진

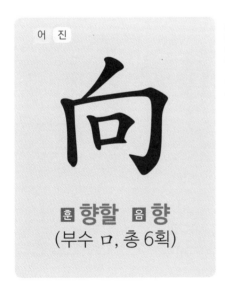

훈 향할 음 향
(부수 口, 총 6획)

향할 향   향할 향   향할 향

흐린 색의 글씨를 따라 써보세요.

생활 속 한자

■ 이 집은 南向(남향)이라 겨울에 따뜻합니다.

■ 신문을 읽으면 세상 돌아가는 動向(동향)을 잘 알 수 있습니다.

한가지/함께 공

丹 → 丹艹 → 芇 → 共

두 손으로 물건을 들고 있는 모습에서 '한가지,함께'
라는 뜻을 나타냅니다.

共

훈 **한가지/함께** 음 **공**
(부수 八, 총 6획)

共 한가지/함께 공

共 한가지/함께 공

共 한가지/함께 공

생활 속 한자

- 동네 公共(공공)도서관에서는 다양한 프로그램을 운영합니다.
- 봉사는 남의 불편과 아픔에 대해 共感(공감)하게 합니다.

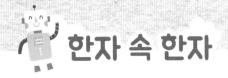

살필 성/덜 생

뜻은 살피다/덜다이고, 성/생이라고 읽어요.

풀과 같이 작은 것까지 살펴보는 모습에서 '살피다'라는 뜻을 나타냅니다. 또한 복잡하거나 큰 것을 단순하고 작게 보는 것에서 '줄이다, 덜다'라는 뜻도 나타냅니다.

어

훈 살필 **음** 성
훈 덜 **음** 생
(부수 目, 총 9획)

살필 성/덜 생	살필 성/덜 생	살필 성/덜 생

→ 흐린 색의 글씨를 따라 써보세요.

생활 속 한자

- 그는 술을 많이 마셔 人事不省(인사불성)이 되었습니다.
- 과소비에 대한 自省(자성)의 목소리가 높아지고 있습니다.

리듬 속 한자

챈트 음원은 시사중국어사 홈페이지 book.chinasisa.com에서 무료로 다운로드 하실 수 있습니다.

 탄력이 센 활의 굳센 모습 **강할 강**

 날개를 축 늘어뜨린 지친 새 **약할 약**

 상복을 입고 멀리 가서 장례를 치르는 모습 **멀 원**

 가까운 거리에 도끼를 가지러 가는 모습 **가까울 근**

 나쁜 사람을 쫓아내는 모습 **놓을 방**

 실이 여러 줄로 엮여 있는 줄 **줄 선**

 고기를 많이 쌓아 놓은 모습 **많을 다**

 달려가며 투창을 던지는 모습 **필 발**

 화살로 잰 길이가 짧은 모습 **짧을 단**

 손으로 물건을 잡고 있는 모습 **대할 대**

 집 정면은 남쪽, 창문은 북쪽 **향할 향**

 두 손으로 물건 들고 있는 모습 **한가지/함께 공**

 작은 것까지 살피는 모습 **살필 성, 덜 생**

계산기에 있는 한자를 맞춰라!

1 아래 승빈이가 사려고 하는 물건에는 이상한 가격표가 붙어 있다.

2 그 가격을 알려면 '한자 계산기'로 계산을 해야 한다.

3 가격표에 써 있는 각 한자의 음을 '한자 계산기'에서 찾아서 해당 숫자(또는 부호)를 적은 후, 그것을 계산해서 나온 숫자를 큰 소리로 말한다.

4 가장 먼저 맞힌 팀(사람)이 승리한다.

문제 속 한자

1 빈칸에 알맞은 훈(뜻)을 〈보기〉에서 골라 그 번호를 쓰세요.

보기
① 줄 ② 대하다 ③ 멀다
④ 짧다 ⑤ 약하다

(1) 弱의 뜻은 〔 〕입니다.

(2) 線의 뜻은 〔 〕입니다.

(3) 對의 뜻은 〔 〕입니다.

(4) 遠의 뜻은 〔 〕입니다.

2 아래 한자의 훈과 음을 빈칸에 쓰세요.

(1) 强

(2) 放

(3) 發

(4) 短

3 아래 훈과 음에 해당하는 한자를 빈칸에 쓰세요.

(1) 향할 향

(2) 많을 다

(3) 살필 성 / 덜 생

(4) 가까울 근

(5) 한가지/함께 공

4 주어진 한자와 음이 같은 한자를 고르세요.

(1) 〔强〕 ① 聞 ② 江 ③ 園 ④ 注

(2) 〔近〕 ① 銀 ② 郡 ③ 根 ④ 作

(3) 〔對〕 ① 病 ② 雪 ③ 野 ④ 待

(4) 〔共〕 ① 公 ② 角 ③ 球 ④ 形

5 한자와 뜻의 연결이 바르지 <u>않은</u> 것은?

(1) ① 表 - 안 ② 禮 - 예도
    ③ 植 - 심다 ④ 業 - 업

(2) ① 訓 - 배우다 ② 言 - 말씀
    ③ 習 - 익히다 ④ 章 - 글

(3) ① 夜 - 밤 ② 朝 - 아침
    ③ 第 - 아우 ④ 特 - 특별하다

(4) ① 通 - 통하다 ② 路 - 길
    ③ 勇 - 용맹하다 ④ 銀 - 금

6 훈과 음에 알맞은 한자를 보기에서 골라 빈칸에 쓰세요.

보기 物 活 氣 紙

(1) 기운 기

(2) 종이 지

(3) 물건 물

(4) 살 활

실전 속 한자 어문회

1 다음 밑줄 친 漢字語의 讀音을 쓰세요.

> 보기 漢字 → 한자

(1) 길에서 넘어졌는데 <u>多幸</u>히 다치지 않았습니다. (   )

(2) 빨리 <u>放學</u>이 되면 좋겠습니다. (   )

(3) 기차의 <u>線路</u> 보수 공사가 한창 입니다.
(   )

(4) <u>短身</u>이지만 뛰어난 농구 선수도 있습니다.
(   )

(5) 비만은 질병을 <u>發生</u>시킬 위험성이 높습니다. (   )

2 다음 漢字의 訓과 音을 쓰세요.

> 보기 字 → 글자 자

(1) 遠 (   ) (2) 强 (   )

(3) 線 (   ) (4) 對 (   )

(5) 近 (   ) (6) 發 (   )

(7) 短 (   ) (8) 省 (   )

3 다음 밑줄 친 漢字語의 漢字를 쓰세요.

> 보기 국어 → 國語

(1) 그의 <u>내면</u>에는 무한한 잠재력이 자라고 있습니다. (   )

(2) 오늘은 결혼기념일이라서 아내와 <u>외식</u>을 할 예정입니다. (   )

(3) 그는 어떤 처지에서도 <u>자족</u>하며 살아갑니다.
(   )

4 다음 ( )에 알맞은 漢字를 〈보기〉에서 찾아 그 번호를 쓰세요.

> 보기 ① 近 ② 弱 ③ 短 ④ 發

(1) 百   百中 : 쏘는 대로 꼭꼭 들어맞음.

(2)   者先手 : 바둑이나 장기에서 수가 낮은 사람이 먼저 둠.

5 다음 漢字와 뜻이 비슷한 漢字를 골라 그 번호를 쓰세요.

(1) 共 : ① 弱 ② 多 ③ 同 ④ 短

6 다음 중 소리는 같으나 뜻이 다른 漢字를 골라 그 번호를 쓰세요.

(1) 共 : ① 全 ② 功 ③ 間 ④ 方
(2) 對 : ① 動 ② 植 ③ 物 ④ 代

7 다음 漢字語의 뜻을 풀이 하세요.

> 보기 國力 : 나라의 힘

(1) 開放 :

(2) 對答 :

8 다음 漢字의 짙게 표시한 획은 몇 번째 쓰는 획인지 숫자로 쓰세요.

(1) 發   (2) 遠

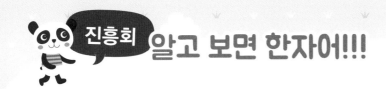
| 反
돌이킬 **반** | 省
살필 **성** | 자신의 언행에 잘못이 없는지 돌이켜 봄
예 과거의 잘못을 깊이 反省(반성)했습니다. |

| 實
열매 **실** | 踐
밟을 **천** | 생각한 바를 실제로 행함
예 여러 말 보다는 한 번의 實踐(실천)이 더 중요합니다. |

| 友
벗 **우** | 愛
사랑 **애** | 형제간 또는 친구 간의 사랑이나 정분
예 우리 형제는 友愛(우애)가 좋습니다. |

| 役
부릴 **역** | 割
벨 **할** | 자기가 마땅히 해야 할 맡은 바 임무
예 이번 연극에서 심청이 役割(역할)을 맡았습니다. |

| 最
가장 **최** | 善
착할 **선** | 가장 좋고 훌륭함 또는 그런 일
예 자기가 맡은 일에 最善(최선)을 다하는 것이 중요합니다. |

| 孝
효도 **효** | 道
길 **도** | 부모를 잘 섬기는 도리
예 부모님께 항상 孝道(효도)해야 합니다. |

| 和
화할 **화** | 睦
화목할 **목** | 서로 뜻이 맞고 정다움
예 집안이 和睦(화목)하면 모든 일이 잘 됩니다. |

※다음〔 〕안 한자의 음(소리)이 바른 것은?

1 〔六〕 ① 구   ② 부   ③ 화   ④ 륙

2 〔立〕 ① 산   ② 립   ③ 오   ④ 생

3 〔入〕 ① 인   ② 팔   ③ 입   ④ 이

4 〔八〕 ① 팔   ② 인   ③ 입   ④ 이

5 〔白〕 ① 일   ② 자   ③ 백   ④ 월

※다음〔 〕안의 한자와 뜻이 상대(반대)되는 한자는?

6 〔南〕 ① 北   ② 西   ③ 小   ④ 江

7 〔女〕 ① 十   ② 名   ③ 男   ④ 九

※다음〈보기〉의 단어들과 관련이 깊은 한자는?

8   보기   하늘   산   바다
  ① 七   ② 靑   ③ 下   ④ 工

9   보기   낚시   물장난   헤엄
  ① 木   ② 王   ③ 二   ④ 川

10   보기   시력   안과   안경
  ① 火   ② 立   ③ 主   ④ 目

※다음 문장 중 한자로 표기된 단어의 독음(소리)이 바른 것은?

11 소수를 分數로 바꾸어 보시오.
  ① 반수   ② 분자   ③ 분수   ④ 분모

12 오늘 배운 시를 暗誦해 보았습니다.
  ① 암기   ② 낭송   ③ 암송   ④ 낭독

13 과학 실험 후 觀察일기를 썼습니다.
  ① 관찰   ② 실험   ③ 과학   ④ 체험

14 垂直으로 깎아 내린 절벽이 장관을 이루었습니다.
  ① 직선   ② 수선   ③ 사선   ④ 수직

15 작은 것부터 아껴 쓰는 儉素한 생활을 실천해 봅시다.
  ① 검소   ② 소박   ③ 근면   ④ 절약

※ 다음 설명이 뜻하는 한자어는?

16 정하여진 차례
  ① 順序   ② 加熱   ③ 和睦   ④ 賞品

17 상으로 주는 물품
  ① 孝道   ② 實踐   ③ 特徵   ④ 賞品

18 충분히 잘 이용함
  ① 差異   ② 理由   ③ 活用   ④ 區間

19 따뜻함과 차가움의 정도
  ① 溫度   ② 物體   ③ 着陸   ④ 加熱

20 가장 좋고 훌륭함. 또는 그런 일
  ① 平素   ② 化學   ③ 周邊   ④ 最善

실전 속 한자 진흥회

※다음 문장의 　　안에 들어가기에 적절한 뜻을 가진 한자는?

21 하늘에서 　　눈이 내렸습니다.

　① 男　　② 入　　③ 白　　④ 夫

22 수평선 너머로 　　가 저물고 있습니다.

　① 文　　② 目　　③ 靑　　④ 日

※ 다음 　　안의 한자어를 바르게 읽은 것은?

23 　　役割

　① 역사　② 역할　③ 역시　④ 역동

24 　　利用

　① 이해　② 이용　③ 활용　④ 이동

※다음 글의 밑줄 친 부분의 뜻을 가진 한자를 〈보기〉에서 골라 번호를 쓰시오.

올 (25)해는 남에게 의존하지 않고 (26)스스로의 (27)힘으로 일을 해내는 '자주적인 사람'이 되기 위해 노력하겠습니다.

　보기　① 自 ② 白 ③ 力 ④ 年

25 (　　　　)

26 (　　　　)

27 (　　　　)

※다음 한자의 훈(뜻)과 음(소리)을 쓰시오.

28 金 (　　　　)

29 夕 (　　　　)

30 寸 (　　　　)

31 石 (　　　　)

32 外 (　　　　)

※다음 　　안에 공통으로 들어갈 한자를 〈보기〉에서 찾아 쓰시오.

　보기　南　六　心

33 　向　　　山 (　　　)
34 中　　　內 (　　　)

※〔가로열쇠〕와 〔세로열쇠〕를 읽고, 빈칸에 공통으로 들어갈 한자를 쓰시오.

35

	山
水	

가로열쇠	강과 산
세로열쇠	강에 흐르는 물

※다음 한자어의 독음(소리)을 〈보기〉와 같이 쓰시오.

보기　一日 (일 일)

36 靑山 (　　　)

37 名人 (　　　)

38 水力 (　　　)

39 着陸 (　　　)

40 共通 (　　　)

41 平價 (　　　)

42 結果 (　　　)

※다음 설명이 뜻하는 단어를 〈보기〉와 같이 한자로 쓰시오.

보기　일일 : 하루 (一日)

43 동일 : 다른 데가 없이 똑같음. (　　　)

44 목수 : 나무로 물건을 만드는 일을 하는 사람. (　　　)

※다음 문장 중 한자로 표기된 단어의 독음(소리)을 쓰시오.

45 친구에게 苦悶을 털어 놓았습니다. (　　　)

46 우리 형제는 닮은 點이 많이 있습니다. (　　　)

47 친구의 입장을 理解하려고 노력했습니다. (　　　)

48 염전은 생활속 混合物 입니다. (　　　)

※다음 문장 중 (　　)안의 단어를 한자로 쓰시오.

49 한자 실력이 (향상)되었습니다. (　　　)

50 (사방)이 모두 흰 눈으로 덮였습니다. (　　　)

51 동생이 태어난 지 (백일)이 되었습니다. (　　　)

52 이순신 장군이 이끈 해군은 왜군에 맞서 (정정)당당하게 싸워 승리했습니다. (　　　)

※다음 훈(뜻)과 음(소리)에 맞는 한자를 〈보기〉와 같이 쓰시오.

보기　한 일 (一)

53 아홉 구 (　　　)

54 날 생 (　　　)

55 여섯 륙 (　　　)

56 장인 공 (　　　)

57 북녘 북 (　　　)

58 열 십 (　　　)

59 글월 문 (　　　)

60 어미 모 (　　　)

부록

문제 속 한자

7과

1. (1) ⑤　　　　(2) ①
   (3) ②　　　　(4) ③
2. (1) 통할 통　　　(2) 날랠 용
   (3) 길 로(노)　　(4) 떼/거느릴 부
3. (1) 果　(2) 利　(3) 使
   (4) 族　(5) 界
4. (1) ④　(2) ②　(3) ①　(4) ④
5. (1) ③　(2) ②　(3) ①　(4) ④
6. (1) 家　(2) 在　(3) 古　(4) 高

10과

1. (1) ④　　(2) ①　　(3) ②　　(4) ⑤
2. (1) 따뜻할 온　　(2) 맑을 청
   (3) 눈 설　(4) 법도 도/헤아릴 탁
3. (1) 太　(2) 風　(3) 光
   (4) 明　(5) 石
4. (1) ②　(2) ③　(3) ④　(4) ①
5. (1) ②　(2) ③　(3) ③　(4) ①
6. (1) 間　(2) 秋　(3) 姓　(4) 記

8과

1. (1) ⑤　(2) ②　(3) ③　(4) ④
2. (1) 그림 화　　　(2) 아이 동
   (3) 소리 음　　　(4) 귀신 신
3. (1) 美　(2) 目　(3) 英
   (4) 才　(5) 作
4. (1) ④　(2) ④　(3) ④　(4) ②
5. (1) ②　(2) ①　(3) ①　(4) ④
6. (1) 平　(2) 方　(3) 立　(4) 每

11과

1. (1) ②　　(2) ⑤　　(3) ④　　(4) ③
2. (1) 은 은　　　　(2) 구분할/지경 구
   (3) 기름 유　　　(4) 뿔 각
3. (1) 永　(2) 半　(3) 本
   (4) 分　(5) 京
4. (1) ②　(2) ④　(3) ④　(4) ③
5. (1) ②　(2) ④　(3) ①　(4) ③
6. (1) 心　(2) 前　(3) 草　(4) 然

9과

1. (1) ⑤　(2) ③　(3) ④　(4) ①
2. (1) 다를/ 나눌 별　(2) 다닐 행/ 항렬 항
   (3) 죽을 사　　　(4) 쓸 고
3. (1) 意　(2) 交　(3) 親
   (4) 失　(5) 愛
4. (1) ②　(2) ②　(3) ①　(4) ④
5. (1) ②　(2) ④　(3) ②　(4) ④
6. (1) 言　(2) 今　(3) 書　(4) 科

12과

1. (1) ⑤　(2) ①　(3) ②　(4) ③
2. (1) 강할 강　　　(2) 놓을 방
   (3) 필 발　　　(4) 짧을 단
3. (1) 向　(2) 多　(3) 省
   (4) 近　(5) 共
4. (1) ②　(2) ③　(3) ④　(4) ①
5. (1) ①　(2) ①　(3) ③　(4) ④
6. (1) 氣　(2) 紙　(3) 物　(4) 活

게임 속 한자

7과

10과

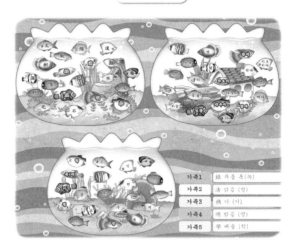

8과

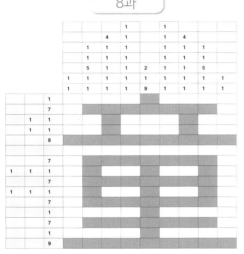

11과

9과

¹同	名		²가	³친		⁴고
感		⁵夜		⁶애	국	가
		⁷學	⁸生			
⁹의	외		活		¹⁰작	¹¹별
도			¹²苦	¹³言		세
	¹⁴생			行		계
¹⁵실	업	자				

12과

135

실전 속 한자 (어문회)

7과

1. (1) 일부 (2) 세계 (3) 휴전
   (4) 승산 (5) 유리
2. (1) 떼/거느릴 부   (2) 통할 통
   (3) 이길 승   (4) 이할 리(이)
   (5) 싸움 전   (6) 고을 군
   (7) 겨레 족   (8) 날랠 용
3. (1) 軍歌 (2) 大學 (3) 休火山
4. (1) ②   (2) ④
5. (1) ④   (2) ④
6. (1) ④
7. (1) 씩씩한 의기   (2) 전화로 말을 서로 통함
8. (1) ⑫   (2) ④

8과

1. (1) 도서 (2) 화가 (3) 음악
   (4) 의술 (5) 육영
2. (1) 그림 화   (2) 재주 술
   (3) 즐거울 락(낙), 노래 악, 좋아할 요
   (4) 귀신 신   (5) 제목 제
   (6) 재주 재   (7) 그림 도
   (8) 소리 음
3. (1) 家內 (2) 後記 (3) 電話
4. (1) ①   (2) ①
5. (1) ④
6. (1) ④   (2) ①
7. (1) 그림과 표   (2) 한자의 음
8. (1) ④   (2) ⑬

9과

1. (1) 교감 (2) 행동 (3) 친교
   (4) 시작 (5) 고대
2. (1) 느낄 감   (2) 사랑 애
   (3) 뜻 의   (4) 쓸 고
   (5) 친할 친   (6) 다를/ 나눌 별
   (7) 죽을 사   (8) 잃을 실
3. (1) 出動 (2) 年間 (3) 植物
4. (1) ④   (2) ④
5. (1) ②   (2) ①
6. (1) ②
7. (1) 언행이 예의에 벗어남
8. (1) ⑦   (2) ⑦

10과

1. (1) 양지 (2) 식수 (3) 광속 (4) 야외
2. (1) 볕 양   (2) 나무 수
   (3) 따뜻할 온   (4) 눈 설
   (5) 들 야   (6) 맑을 청
   (7) 푸를 록(녹)   (8) 법도 도/ 헤아릴 탁
3. (1) 有名 (2) 不便 (3) 直前
4. (1) ②   (2) ④
5. (1) ②   (2) ④
6. (1) ③   (2) ④
7. (1) 각의 도수   (2) 생물체가 가지고 있는 온도
8. (1) ②   (2) ④

11과

1. (1) 형편 (2) 유화 (3) 구속
   (4) 삼각 (5) 부분
2. (1) 뿌리 근   (2) 공 구
   (3) 구분할/ 지경 구 (4) 은 은
   (5) 모양 형   (6) 사라질 소
   (7) 뿔 각   (8) 기름 유
3. (1) 名所 (2) 千金 (3) 不孝
4. (1) ③   (2) ①
5. (1) ②
6. (1) ④   (2) ③
7. (1) 몇으로 나눈 각각의 범위
   (2) 사라져 없어짐
8. (1) ⑥   (2) ⑫

12과

1. (1) 다행 (2) 방학 (3) 선로
   (4) 단신 (5) 발생
2. (1) 멀 원   (2) 강할 강
   (3) 줄 선   (4) 대할 대
   (5) 가까울 근   (6) 필 발
   (7) 짧을 단   (8) 살필 성/ 덜 생
3. (1) 内面 (2) 外食 (3) 自足
4. (1) ④   (2) ②
5. (1) ③
6. (1) ②   (2) ④
7. (1) 출입이나 교통이 자유롭게 이루어지도록
      허가함
   (2) 묻는 말에 응함
8. (1) ⑦   (2) ⑫

실전 속 한자 (진흥회)

1. ④	2. ②	3. ③	4. ①	5. ③
6. ①	7. ③	8. ②	9. ④	10. ④
11. ③	12. ③	13. ①	14. ④	15. ①
16. ①	17. ④	18. ③	19. ①	20. ④
21. ③	22. ④	23. ②	24. ②	25. ④
26. ①	27. ③	28. 쇠 금/ 성 김		
29. 저녁 석		30. 마디 촌		
31. 돌 석		32. 바깥 외		
33. 南		34. 心		
35. 江		36. 청산		
37. 명인		38. 수력		
39. 착륙		40. 공통		
41. 평가		42. 결과		
43. 同一		44. 木手		
45. 고민		46. 점		
47. 이해		48. 혼합물		
49. 向上		50. 四方		
51. 百日		52. 正正		
53. 九		54. 生		
55. 六		56. 工		
57. 北		58. 十		
59. 文		60. 母		

실전 모의고사 어문회 6급II

1. 급행
2. 농사
3. 수술
4. 반대
5. 동창
6. 기자
7. 대양
8. 석양
9. 감동
10. 전선
11. 대표
12. 손자
13. 민족
14. 번지
15. 출발
16. 강풍
17. 의복
18. 고속
19. 공중
20. 조상
21. 세계
22. 금은
23. 정원
24. 도형
25. 성명
26. 공장
27. 석유
28. 천사
29. 평화
30. 본래
31. 통화
32. 구별
33. 낮 주
34. 다행 행
35. 글 장
36. 그럴 연
37. 기름 유
38. 자리 석
39. 싸움 전
40. 때 시
41. 사라질 소
42. 창 창
43. 이름/
　　부르짖을 호
44. 물건 물
45. 조상 조
46. 마을 촌
47. 말미암을 유
48. 어제 작
49. 뜻 의
50. 편안 안
51. 꽃부리 영
52. 심을 식
53. 마당 장
54. 떼/ 거느릴 부
55. 살필 성/덜 생
56. 무거울 중
57. 익힐 습
58. 쉴 휴
59. 이길 승
60. 겉 표
61. 열 개
62. ③
63. ③
64. ①
65. ③
66. 방이나 건물
　　따위의 안
67. 짧은 글
68. 七日
69. 白人
70. 女大生
71. 西門
72. 九月
73. 兄弟
74. 四寸
75. 校長
76. 靑年
77. 火山
78. ⑦
79. ⑨
80. ⑨

실전 모의고사 어문회 6급

1. 시간
2. 지구
3. 도서
4. 상경
5. 광선
6. 성과
7. 도로
8. 농사
9. 공과
10. 감동
11. 고등
12. 근본
13. 동화
14. 구분
15. 정답
16. 두목
17. 강도
18. 도리
19. 계산
20. 내세
21. 이용
22. 약
23. 개발
24. 백미
25. 예물
26. 생명
27. 효녀
28. 방화
29. 미군
30. 지방
31. 소문
32. 녹색
33. 후손
34. 집 당
35. 기다릴 대
36. 짧을 단
37. 길 로(노)
38. 오얏/ 성 리
　　(이)
39. 법식 례(예)
40. 다를/ 나눌 별
41. 쓸 고
42. 자리 석
43. 뿔 각
44. 옷 복
45. 재주 술
46. 귀신 신
47. 말미암을 유
48. 볕 양
49. 지을 작
50. 큰 바다 양
51. 비로소 시
52. 뜻 의
53. 특별할 특
54. 부을/물댈 주
55. 친할 친
56. 左右
57. 弟子
58. 正午
59. 空氣
60. 市立
61. 老母
62. 植物
63. 生命
64. 時間
65. 外出
66. 數千
67. 民主
68. 食口
69. 工場
70. 室內
71. 自動
72. 手話
73. 入學
74. 海女
75. 登山
76. ④
77. ①
78. ④
79. ②
80. ④
81. ④
82. ②
83. ⑤
84. ②
85. ①
86. 한군데로 모
　　임, 모아 합침
87. 병에 시달려
　　쇠약함
88. ⑪
89. ⑫
90. ⑧

1. ①
2. ④
3. ②
4. ③
5. ③
6. ④
7. ①
8. ①
9. ④
10. ②
11. ③
12. ④
13. ③
14. ③
15. ④
16. ①
17. ②
18. ③
19. ②
20. ①
21. ③
22. ①
23. ③
24. ②
25. ④
26. ②
27. ①
28. ②
29. ①
30. ④
31. 흙 토
32. 저녁 석
33. 여덟 팔
34. 흰 백
35. 손 수

36. 작을 소
37. 사내 남
38. 북녘 북
39. 한가지 동/
    같을 동
40. 돌 석
41. 王
42. 方
43. 自
44. 工
45. 형제
46. 팔십
47. 왕자
48. 내심
49. 문인
50. 내외
51. 사월
52. 백년
53. 출생
54. 입구
55. 칠석
56. 남북
57. 상품
58. 분수
59. 上同
60. 入水
61. 이유
62. 특징
63. 발명
64. 시간
65. 대화
66. 向上
67. 女子
68. 入口
69. 三年

70. 江山
71. 工
72. 南
73. 向
74. 内
75. 六
76. 男
77. 足
78. 外
79. 夫
80. 東

7과

部 때/ 거느릴 **부**	部門 (부문), 部分 (부분), 部數 (부수), 部首 (부수), 部長 (부장), 部族 (부족), 部下 (부하), 南部 (남부), 內部 (내부), 東部 (동부), 西部 (서부), 三部 (삼부), 本部 (본부), 北部 (북부), 百部 (백부), 上部 (상부), 一部 (일부), 外部 (외부), 全部 (전부), 中部 (중부)
族 겨레 **족**	族長 (족장), 家族 (가족), 同族 (동족), 民族 (민족), 部族 (부족), 親族 (친족)
戰 싸움 **전**	戰功 (전공), 戰果 (전과), 戰記 (전기), 戰力 (전력), 戰時 (전시), 戰死 (전사), 戰線 (전선), 戰術 (전술), 戰勝 (전승), 戰火 (전화), 苦戰 (고전), 交戰 (교전), 反戰 (반전), 勝戰 (승전), 作戰 (작전), 出戰 (출전), 海戰 (해전), 休戰 (휴전), 空中戰 (공중전)
果 과실 **과**	果木 (과목), 果物 (과물), 果樹 (과수), 果樹園 (과수원), 果然 (과연), 成果 (성과)
勝 이길 **승**	勝利 (승리), 勝算 (승산), 勝者 (승자), 勝戰 (승전), 名勝地 (명승지), 樂勝 (낙승), 百勝 (백승), 全勝 (전승), 戰勝 (전승)
利 이할 **리(이)**	利用 (이용), 利子 (이자), 金利 (금리), 公利 (공리), 不利 (불리), 便利 (편리), 有利 (유리), 勝利 (승리)
使 하여금/ 부릴 **사**	使動 (사동), 使者 (사자), 使用 (사용), 使命 (사명), 行使 (행사), 天使 (천사), 特使 (특사)
郡 고을 **군**	郡界 (군계), 郡內 (군내), 郡民 (군민), 郡邑 (군읍), 郡下 (군하)
界 지경 **계**	各界 (각계), 郡界 (군계), 世界 (세계), 外界 (외계), 業界 (업계), 別世界 (별세계)
通 통할 **통**	通話 (통화), 通讀 (통독), 通路 (통로), 通信 (통신), 通用 (통용), 通風 (통풍), 通行 (통행), 通學 (통학), 共通 (공통), 交通 (교통), 開通 (개통), 神通 (신통)
路 길 **로(노)**	路面 (노면), 路線 (노선), 路上 (노상), 農路 (농로), 道路 (도로), 大路 (대로), 線路 (선로), 水路 (수로), 車路 (차로), 通路 (통로)

| 勇 날랠 용 | 勇氣 (용기), 勇力 (용력), 勇名 (용명), 英勇 (영용), 才勇 (재용), 强勇 (강용) |

| 圖 그림 도 | 圖面 (도면), 圖書 (도서), 圖式 (도식), 圖章 (도장), 圖表 (도표), 圖形 (도형), 圖畫 (도화), 意圖 (의도), 地圖 (지도) |

| 畫 그림 화 | 畫家 (화가), 畫工 (화공), 畫面 (화면), 畫室 (화실), 圖畫 (도화), 童畫 (동화), 名畫 (명화), 書畫 (서화), 油畫 (유화) |

| 美 아름다울 미 | 美國 (미국), 美軍 (미군), 美感 (미감), 美女 (미녀), 美男 (미남), 美名 (미명), 美文 (미문), 美白 (미백), 美術 (미술), 美人 (미인), 美風 (미풍), 美少年 (미소년) |

| 術 재주 술 | 道術 (도술), 手術 (수술), 心術 (심술), 算術 (산술), 美術 (미술), 醫術 (의술), 戰術 (전술), 話術 (화술) |

| 音 소리 음 | 音樂 (음악), 音讀 (음독), 音速 (음속), 高音 (고음), 讀音 (독음), 發音 (발음), 消音 (소음), 和音 (화음) |

| 樂 즐길 락(낙)/ 노래 악/ 좋아할 요 | 樂勝 (낙승), 樂園 (낙원), 樂事 (낙사), 樂天 (낙천), 樂章 (악장), 苦樂 (고락), 安樂 (안락), 行樂 (행락), 食道樂 (식도락), 歌樂 (가악), 音樂 (음악), 國樂 (국악), 愛樂 (애요) |

| 神 귀신 신 | 神功 (신공), 神童 (신동), 神明 (신명), 神意 (신의), 神主 (신주), 神通 (신통), 神話 (신화), 失神 (실신) |

| 童 아이 동 | 童山 (동산), 童心 (동심), 童子 (동자), 童話 (동화), 童畫 (동화), 神童 (신동), 使童 (사동) |

| 題 제목 제 | 題目 (제목), 題號 (제호), 題名 (제명), 命題 (명제), 問題 (문제), 主題 (주제), 出題 (출제), 話題 (화제), 表題 (표제), 例題 (예제) |

| 目 눈 목 | 目前 (목전), 目禮 (목례), 科目 (과목), 頭目 (두목), 名目 (명목), 注目 (주목), 題目 (제목) |

英 꽃부리 **영**　英語 (영어), 英才 (영재), 英特 (영특), 英勇 (영용)

才 재주 **재**　才氣 (재기), 才力 (재력), 口才 (구재), 多才 (다재), 小才 (소재), 手才 (수재),
英才 (영재), 人才 (인재), 天才 (천재)

作 지을 **작**　作家 (작가), 作動 (작동), 作成 (작성), 作物 (작물), 作文 (작문), 作用 (작용),
作別 (작별), 作業 (작업), 作戰 (작전), 作定 (작정), 工作 (공작), 動作 (동작),
名作 (명작), 始作 (시작), 新作 (신작), 合作 (합작), 平年作 (평년작)

9과

交 사귈 **교**　交感 (교감), 交代 (교대), 交信 (교신), 交通 (교통), 交會 (교회), 國交 (국교),
社交 (사교), 外交 (외교), 親交 (친교)

感 느낄 **감**　感氣 (감기), 感動 (감동), 感服 (감복), 感電 (감전), 共感 (공감), 交感 (교감),
動感 (동감), 多感 (다감), 美感 (미감), 萬感 (만감), 反感 (반감), 所感 (소감),
色感 (색감), 有感 (유감), 五感 (오감), 體感 (체감)

親 친할 **친**　親家 (친가), 親近 (친근), 親交 (친교), 親分 (친분), 親愛 (친애), 親庭 (친정),
親族 (친족), 親和 (친화), 先親 (선친), 母親 (모친), 愛親 (애친), 和親 (화친)

愛 사랑 **애**　愛校 (애교), 愛國 (애국), 愛讀 (애독), 愛社 (애사), 愛用 (애용), 愛人 (애인),
愛親 (애친), 自愛 (자애), 親愛 (친애), 特愛 (특애)

失 잃을 **실**　失利 (실리), 失禮 (실례), 失手 (실수), 失神 (실신), 失言 (실언), 失業 (실업),
失意 (실의), 消失 (소실)

意 뜻 **의**　意圖 (의도), 意外 (의외), 意中 (의중), 意向 (의향), 同意 (동의), 民意 (민의),
發意 (발의), 本意 (본의), 神意 (신의), 失意 (실의), 禮意 (예의), 用意 (용의),
自意 (자의), 正意 (정의), 注意 (주의), 天意 (천의), 合意 (합의), 會意 (회의)

死 죽을 **사**　死苦 (사고), 死力 (사력), 死別 (사별), 死線 (사선), 死色 (사색), 死藥 (사약),
死體 (사체), 死活 (사활), 急死 (급사), 病死 (병사), 生死 (생사), 戰死 (전사)

別 다를/나눌 **별**	別堂 (별당), 別名 (별명), 別室 (별실), 別世 (별세), 各別 (각별), 區別 (구별), 班別 (반별), 分別 (분별), 死別 (사별), 作別 (작별), 特別 (특별)
苦 쓸 **고**	苦待 (고대), 苦樂 (고락), 苦生 (고생), 苦心 (고심), 苦言 (고언), 苦戰 (고전), 苦學 (고학), 病苦 (병고), 死苦 (사고), 生活苦 (생활고)
行 다닐 **행**/항렬 **항**	行動 (행동), 行路 (행로), 行方 (행방), 行事 (행사), 行先地 (행선지), 行人 (행인), 强行 (강행), 急行 (급행), 代行 (대행), 同行 (동행), 發行 (발행), 速行 (속행), 運行 (운행), 銀行 (은행), 言行 (언행), 孝行 (효행), 祖行 (조항)

10과

太 클 **태**	太古 (태고), 太半 (태반), 太陽 (태양), 太祖 (태조), 太平 (태평), 明太 (명태)
陽 볕 **양**	陽氣 (양기), 陽光 (양광), 陽地 (양지), 夕陽 (석양), 太陽 (태양), 風陽 (풍양), 漢陽 (한양)
綠 푸를 **록(녹)**	綠色 (녹색), 綠地 (녹지), 綠草 (녹초), 新綠 (신록), 草綠 (초록), 靑綠 (청록)
樹 나무 **수**	樹林 (수림), 樹立 (수립), 樹木 (수목), 樹石 (수석), 果樹 (과수), 植樹 (식수)
淸 맑을 **청**	淸明 (청명), 淸白 (청백), 淸算 (청산), 淸正 (청정), 淸風 (청풍), 淸川江 (청천강)
風 바람 **풍**	風光 (풍광), 風度 (풍도), 風力 (풍력), 風聞 (풍문), 風物 (풍물), 風水 (풍수), 風習 (풍습), 風速 (풍속), 風陽 (풍양), 風向 (풍향), 風土 (풍토), 家風 (가풍), 强風 (강풍), 南風 (남풍), 消風 (소풍), 雪風 (설풍), 外風 (외풍), 溫風 (온풍), 淸風 (청풍), 通風 (통풍), 海風 (해풍)
溫 따뜻할 **온**	溫氣 (온기), 溫光 (온광), 溫度 (온도), 溫室 (온실), 溫水 (온수), 溫風 (온풍), 溫和 (온화), 高溫 (고온), 氣溫 (기온), 水溫 (수온), 體溫 (체온)

度 법도 도/ 헤아릴 탁	度地 (탁지), 强度 (강도), 角度 (각도), 用度 (용도), 溫度 (온도)
雪 눈 설	雪風 (설풍), 雪天 (설천), 雪山 (설산), 大雪 (대설), 白雪 (백설), 小雪 (소설)
野 들 야	野心 (야심), 野外 (야외), 野生 (야생), 野山 (야산), 野人 (야인), 野合 (야합), 分野 (분야), 平野 (평야),
光 빛 광	光角 (광각), 光明 (광명), 光線 (광선), 光速 (광속), 光度 (광도), 發光 (발광), 夜光 (야광), 月光 (월광), 風光 (풍광)
明 밝을 명	明記 (명기), 明堂 (명당), 明度 (명도), 明白 (명백), 明分 (명분), 明日 (명일), 公明 (공명), 神明 (신명), 自明 (자명), 正明 (정명), 發明 (발명), 淸明 (청명)
石 돌 석	石工 (석공), 石油 (석유), 石山 (석산), 石門 (석문), 石手 (석수)

11과

油 기름 유	油畫 (유화), 石油 (석유), 注油 (주유)
形 모양 형	形式 (형식), 形色 (형색), 形成 (형성), 形言 (형언), 形體 (형체), 形便 (형편), 圖形 (도형), 成形 (성형)
球 공 구	球速 (구속), 球場 (구장), 始球 (시구), 半球 (반구), 野球 (야구), 直球 (직구), 地球 (지구)
根 뿌리 근	根本 (근본), 根氣 (근기), 同根 (동근)
本 근본 본	本家 (본가), 本校 (본교), 本文 (본문), 本色 (본색), 本然 (본연), 根本 (근본)
銀 은 은	銀行 (은행), 金銀 (금은), 洋銀 (양은), 水銀 (수은)

永 길 **영**	永別 (영별), 永生 (영생), 永遠 (영원)
半 반 **반**	半旗 (반기), 半球 (반구), 半年 (반년), 半面 (반면), 半月 (반월), 半百 (반백), 半生 (반생), 前半 (전반), 後半 (후반), 夜半 (야반), 上半身 (상반신)
角 뿔 **각**	角度 (각도), 角木 (각목), 多角 (다각), 頭角 (두각), 四角 (사각), 直角 (직각), 三角山 (삼각산)
區 구분할/지경 **구**	區間 (구간), 區内 (구내), 區別 (구별), 區分 (구분)
分 나눌 **분**	分校 (분교), 分明 (분명), 分數 (분수), 分別 (분별), 分野 (분야), 分業 (분업), 分半 (분반), 區分 (구분), 氣分 (기분), 親分 (친분), 名分 (명분), 線分 (선분), 等分 (등분), 部分 (부분)
消 사라질 **소**	消失 (소실), 消風 (소풍), 消日 (소일), 消火 (소화), 消音 (소음)
京 서울 **경**	上京 (상경), 入京 (입경), 北京 (북경), 東京 (동경)

12과

強 강할 **강**	強國 (강국), 強度 (강도), 強大 (강대), 強力 (강력), 強弱 (강약), 強勇 (강용), 強軍 (강군), 強行 (강행), 強風 (강풍)
弱 약할 **약**	弱小 (약소), 弱國 (약국), 弱者 (약자), 弱體 (약체), 強弱 (강약), 心弱 (심약), 病弱 (병약), 老弱 (노약), 老弱者 (노약자)
遠 멀 **원**	遠近 (원근), 遠大 (원대), 遠洋 (원양), 遠心力 (원심력), 永遠 (영원), 高遠 (고원)
近 가까울 **근**	近代 (근대), 近方 (근방), 近海 (근해), 近來 (근래), 遠近 (원근), 親近 (친근)

放 놓을 방	放語 (방어), 放生 (방생), 放心 (방심), 放電 (방전), 放出 (방출), 放火 (방화), 開放 (개방)
線 줄 선	線分 (선분), 線路 (선로), 光線 (광선), 路線 (노선), 電線 (전선), 直線 (직선), 一線 (일선), 有線 (유선), 死線 (사선), 車線 (차선), 地平線 (지평선)
多 많을 다	多讀 (다독), 多幸 (다행), 多急 (다급), 多少 (다소), 多數 (다수), 多發 (다발), 多角 (다각), 大多數 (대다수), 多民族 (다민족), 多年間 (다년간), 多年生 (다년생), 多方面 (다방면)
發 필 발	發明 (발명), 發生 (발생), 發電 (발전), 發表 (발표), 發育 (발육), 發光 (발광), 發動 (발동), 發現 (발현), 始發 (시발), 開發 (개발), 出發 (출발)
短 짧을 단	短身 (단신), 短信 (단신), 短音 (단음), 短文 (단문), 短命 (단명), 短時日 (단시일), 短歌 (단가), 短章 (단장), 長短 (장단)
對 대할 대	對內 (대내), 對答 (대답), 對等 (대등), 對立 (대립), 對面 (대면), 對話 (대화), 反對 (반대)
向 향할 향	向方 (향방), 向上 (향상), 向後 (향후), 南向 (남향), 動向 (동향), 方向 (방향), 意向 (의향), 風向 (풍향)
共 한가지 공	共用 (공용), 共有 (공유), 共感 (공감), 共同 (공동), 共通 (공통), 共和國 (공화국), 公共 (공공)
省 살필 성 / 덜 생	省力 (생력), 內省 (내성), 反省 (반성), 自省 (자성)

각각 각 各	스스로 자 自	각가의 자신, 제각기
강 강 江	마을 촌 村	강가 마을
이제 금 今	때 시 時	즉시로, 지금 바로
가르칠 교 敎	기를 육 育	가르치어 기름
빌 공 空	자리 석 席	비어있는 자리
짧을 단 短	글월 문 文	짧은 글
짧을 단 短	몸 신 身	작은 키의 몸
많을 다 多	적을 소 少	많음과 적음
아이 동 童	마음 심 心	어린이의 마음
한가지/같을 동 同	몸 체 體	한(같은) 몸 같은 물체
골 동 洞	마을 리 里	동과 리, 마을
골 동 洞	입 구 口	동네 어귀
밝을 명 明	달 월 月	밝은 달
이름 명 名	의원 의 醫	이름난 의사

美 아름다울 미	文 글월 문	아름다운 글귀
事 일 사	後 뒤 후	일이 끝난 뒤
植 심을 식	樹 나무 수	나무를 심음
書 글 서	畫 그림 화	글씨와 그림
身 몸 신	體 몸 체	사람의 몸
夕 저녁 석	食 먹을/밥 식	저녁 밥
陽 볕 양	地 땅 지	볕이 드는 땅
遠 멀 원	近 가까울 근	멀고 가까움
溫 따뜻할 온	水 물 수	더운 물, 따뜻한 물
有 있을 유	利 이할/이로울 리	이익이 있음
昨 지을 작	年 해 년	지난 해
集 모을 집	計 셀 계	모아서 합계함, 모아 계산함
體 몸 체	重 무거울 중	몸의 무게
特 특별할 특	定 정할 정	특별히 지정함

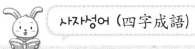

가내공업 집 안에서 단순한 기술과 도구로써 작은 규모로 생산하는 수공업

家 内 工 業
집 **가**　안 **내**　장인 **공**　업 **업**

家 内 工 業

가정교육 가정의 일상생활 가운데 집안 어른들이 자녀들에게 주는 영향이나 가르침

家 庭 教 育
집 **가**　뜰 **정**　가르칠 **교**　기를 **육**

家 庭 教 育

각인각색 사람마다 각기 다름

各 人 各 色
각각 **각**　사람 **인**　각각 **각**　빛 **색**

各 人 各 色

각자도생 사람은 제각기 살아 나갈 방법을 꾀함

各 自 圖 生
각각 **각**　스스로 **자**　그림 **도**　날 **생**

各 自 圖 生

고금동서 (예와 이제, 동양과 서양의 뜻으로) 이제까지의 모든 시대와 모든 지역

古 今 東 西
예 **고**　이제 **금**　동녘 **동**　서녘 **서**

古 今 東 西

고등동물 복잡한 체제를 갖춘 동물

高 等 動 物
높을 **고**　무리 **등**　움직일 **동**　물건 **물**

高 等 動 物

고사성어 신화, 전설, 역사, 고전 문학 작품 등에서 나온 말

古 事 成 語
예 **고**　일 **사**　이룰 **성**　말씀 **어**

古 事 成 語

고속도로 차의 빠른 통행을 위하여 만든 차 전용의 도로

高 速 道 路
높을 **고**　빠를 **속**　길 **도**　길 **로**

高 速 道 路

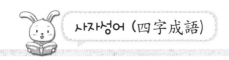

공공장소 여러 사람이 함께 사용하는 곳

公 共 場 所
공평할 **공** 한가지 **공** 마당 **장** 바 **소**

公 共 場 所

공동생활 두 사람 이상이 모여서 서로 협력하여 사는 생활

共 同 生 活
한가지 **공** 한가지 **동** 날 **생** 살 **활**

共 同 生 活

공립학교 지방 공공 단체가 설립하여 운영하는 학교

公 立 學 校
공평할 **공** 설 **립** 배울 **학** 학교 **교**

公 立 學 校

공명정대 하는 일이나 행동이 사사로움이 없이 떳떳하고 바름

公 明 正 大
공평할 **공** 밝을 **명** 바를 **정** 큰 **대**

公 明 正 大

교통신호 차량이 다니는 것을 지시해 주는 신호

交 通 信 號
사귈 **교** 통할 **통** 믿을 **신** 부를 **호**

交 通 信 號

교통안전 사람이나 차가 길을 왕래할 때의 안전

交 通 安 全
사귈 **교** 통할 **통** 편안 **안** 온전할 **전**

交 通 安 全

구사일생 여러 차례 죽을 고비를 넘기고 살아남

九 死 一 生
아홉 **구** 죽을 **사** 한 **일** 날 **생**

九 死 一 生

구십춘광 노인의 마음이 청년 같이 젊음을 이름

九 十 春 光
아홉 **구** 열 **십** 봄 **춘** 빛 **광**

九 十 春 光

국민연금 일정 기간 또는 죽을 때까지 해마다 지급되는 일정액의 돈

國	民	年	金	國 民 年 金			
나라 **국**	백성 **민**	해 **연**	쇠 **금**				

남남북녀 우리나라에서 남자는 남쪽 지방 사람이 잘나고, 여자는 북쪽 지방 사람이 고움을 이르는 말

南	男	北	女	南 男 北 女			
남녘 **남**	사내 **남**	북녘 **북**	계집 **녀**				

남녀노소 남자와 여자, 늙은이와 젊은이란 뜻으로, 모든 사람을 이르는 말

男	女	老	少	男 女 老 少			
사내 **남**	계집 **녀**	늙을 **노**	적을 **소**				

남녀유별 남자와 여자 사이에 분별이 있어야 함을 이르는 말

男	女	有	別	男 女 有 別			
사내 **남**	계집 **녀**	있을 **유**	나눌 **별**				

남중일색 남자의 얼굴이 썩 뛰어나게 잘생김

男	中	一	色	男 中 一 色			
사내 **남**	가운데 **중**	한 **일**	빛 **색**				

녹수청산 푸른 물과 푸른 산

綠	水	青	山	綠 水 青 山			
푸를 **녹**	물 **수**	푸를 **청**	메 **산**				

농업용수 농작물을 재배하기 위하여 필요한 물

農	業	用	水	農 業 用 水			
농사 **농**	업 **업**	쓸 **용**	물 **수**				

다문다독 많이 듣고 많이 읽어 견문이 넓음

多	聞	多	讀	多 聞 多 讀			
많을 **다**	들을 **문**	많을 **다**	읽을 **독**				

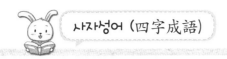

다소불계 많고 적음을 헤아리지 아니함

多 少 不 計
많을 **다** 적을 **소** 아니 **불** 셀 **계**

대대손손 오래도록 내려오는 여러 대

代 代 孫 孫
기다릴 **대** 기다릴 **대** 손자 **손** 손자 **손**

대명천지 아주 환하게 밝은 세상

大 明 天 地
큰 **대** 밝을 **명** 하늘 **천** 땅 **지**

대한민국 우리나라의 국호(나라 이름)

大 韓 民 國
큰 **대** 나라 **한** 백성 **민** 나라 **국**

동고동락 같이 고생하고 같이 즐김, 괴로움과 즐거움을 함께 함

同 苦 同 樂
한가지 **동** 쓸 **고** 한가지 **동** 즐거울 **락**

동문서답 묻는 말에 전혀 딴 말을 함

東 問 西 答
동녘 **동** 물을 **문** 서녘 **서** 대답 **답**

동생공사 서로 같이 살고 같이 죽음

同 生 共 死
한가지 **동** 날 **생** 한가지 **공** 죽을 **사**

동서고금 동양과 서양, 옛날과 지금을 통틀어 이르는 말

東 西 古 今
동녘 **동** 서녘 **서** 예 **고** 이제 **금**

동서남북 (동쪽, 서쪽, 남쪽, 북쪽이라는 뜻으로) 모든 방향을 이르는 말

東	西	南	北
동녘 **동**	서녘 **서**	남녘 **남**	북녘 **북**

東	西	南	北				

동성동본 성과 본관이 모두 같음

同	姓	同	本
한가지 **동**	성 **성**	한가지 **동**	근본 **본**

同	姓	同	本				

동시다발 연이어 일이 발생함

同	時	多	發
한가지 **동**	때 **시**	많을 **다**	필 **발**

同	時	多	發				

등장인물 (무대나 영화, 소설, 희곡 작품 등에) 나오는 인물

登	場	人	物
오를 **등**	마당 **장**	사람 **인**	물건 **물**

登	場	人	物				

만국신호 배와 배 사이 또는 배와 육지 사이의 연락을 위하여 국제적으로 쓰는 신호

萬	國	信	號
일만 **만**	나라 **국**	믿을 **신**	부를 **호**

萬	國	信	號				

만리장천 아득히 높고 먼 하늘

萬	里	長	天
일만 **만**	마을 **리**	길 **장**	하늘 **천**

萬	里	長	天				

명산대천 이름난 산과 큰 내

名	山	大	川
이름 **명**	메 **산**	큰 **대**	내 **천**

名	山	大	川				

명명백백 아주 명백함

明	明	白	白
밝을 **명**	밝을 **명**	흰 **백**	흰 **백**

明	明	白	白				

목인석심 의지가 굳어 어떠한 유혹에도 마음이 흔들리지 않는 사람

木	人	石	心	木人石心			
나무 **목**	사람 **인**	돌 **석**	마음 **심**				

문전성시 찾아오는 사람이 많음

門	前	成	市	門前成市			
문 **문**	앞 **전**	이룰 **성**	저자 **시**				

물유각주 물건에는 다 각기 임자가 있음

物	有	各	主	物有各主			
물건 **물**	있을 **유**	각각 **각**	주인 **주**				

백년대계 먼 뒷날까지 걸친 큰 계획

百	年	大	計	百年大計			
일백 **백**	해 **년**	큰 **대**	셀 **계**				

백만대군 아주 많은 병사로 조직된 군대를 이르는 말

百	萬	大	軍	百萬大軍			
일백 **백**	일만 **만**	큰 **대**	군사 **군**				

백만장자 재산이 매우 많은 사람 또는 아주 큰 부자

百	萬	長	者	百萬長者			
일백 **백**	일만 **만**	길 **장**	놈 **자**				

백발백중 백 번 쏘아 백 번 맞힌다는 뜻으로, 총이나 활 따위를 쏠 때마다 겨눈 곳에 다 맞음을 이르는 말

百	發	百	中	百發百中			
일백 **백**	필 **발**	일백 **백**	가운데 **중**				

백면서생 글만 읽고 세상 물정을 하나도 모르는 사람

白	面	書	生	白面書生			
흰 **백**	낯 **면**	글 **서**	날 **생**				

백설공주 백설공주와 일곱 난쟁이의 주인공

白	雪	公	主	白雪公主			
흰 **백**	눈 **설**	공평할 **공**	주인 **주**				

백의민족 (흰옷을 입은 민족이라는 뜻으로) '한민족'을 이르는 말

白	衣	民	族	白衣民族			
흰 **백**	옷 **의**	백성 **민**	겨레 **족**				

백의천사 간호사를 아름답게 일컫는 말

白	衣	天	使	白衣天使			
흰 **백**	옷 **의**	하늘 **천**	하여금 **사**				

백전백승 싸우는 때마다 모조리 이김

百	戰	百	勝	百戰百勝			
일백 **백**	싸움 **전**	일백 **백**	이길 **승**				

별유천지 별세계, 딴 세상

別	有	天	地	別有天地			
다를 **별**	있을 **유**	하늘 **천**	땅 **지**				

부모형제 (아버지 · 형 · 어머니 · 아우라는 뜻으로) 가족을 이르는 말

父	母	兄	弟	父母兄弟			
아비 **부**	어미 **모**	형 **형**	아우 **제**				

부부자자 아버지는 아버지 노릇을 하고 아들은 아들 노릇을 함

父	父	子	子	父父子子			
아비 **부**	아비 **부**	아들 **자**	아들 **자**				

부자유친 아버지와 아들 사이의 도리는 친애에 있음을 이름

父	子	有	親	父子有親			
아비 **부**	아들 **자**	있을 **유**	친할 **친**				

불로장생 늙지 아니하고 오래 삶

不 老 長 生
아니 **불**　늙을 **로**　길 **장**　날 **생**

不 老 長 生

불립문자 불도의 깨달음은 마음에서 마음으로 전하는 것이므로 말이나 글에 의지하지 않는다는 말

不 立 文 字
아니 **불**　설 **립**　글월 **문**　글자 **자**

不 立 文 字

불원천리 천리를 멀다 여기지 아니함

不 遠 千 里
아니 **불**　멀 **원**　일천 **천**　마을 **리**

不 遠 千 里

사면춘풍 누구에게나 좋게 대하는 일

四 面 春 風
넉 **사**　낯 **면**　봄 **춘**　바람 **풍**

四 面 春 風

사방팔방 여기저기 모든 방향이나 방면

四 方 八 方
넉 **사**　모 **방**　여덟 **팔**　모 **방**

四 方 八 方

사생유명 사람의 생사(生死)는 다 천명에 달려 있으며 인력으로는 어찌 할 수 없음을 일컫는 말

死 生 有 命
죽을 **사**　날 **생**　있을 **유**　목숨 **명**

死 生 有 命

사시장춘 (일년 내내 늘 봄날과 같다는 뜻으로) 언제나 잘 지냄을 비유하여 일컫는 말

四 時 長 春
넉 **사**　때 **시**　길 **장**　봄 **춘**

四 時 長 春

사해형제 (온 세상 사람이 모두 형제와 같다는 뜻으로) 친밀함을 이르는 말

四 海 兄 弟
넉 **사**　바다 **해**　형 **형**　아우 **제**

四 海 兄 弟

산전수전 세상의 온갖 고생과 어려움을 다 겪었음을 이르는 말

山	戰	水	戰
메 **산**	싸움 **전**	물 **수**	싸움 **전**

山 戰 水 戰

산천초목 산과 내와 풀과 나무, 곧 자연을 이르는 말

山	川	草	木
메 **산**	내 **천**	풀 **초**	나무 **목**

山 川 草 木

삼간초가 세 간이 되는 초가, 썩 작은 집

三	間	草	家
석 **삼**	사이 **간**	풀 **초**	집 **가**

三 間 草 家

삼삼오오 서너 사람 또는 대여섯 사람이 떼를 지어 다니거나 무슨 일을 함

三	三	五	五
석 **삼**	석 **삼**	다섯 **오**	다섯 **오**

三 三 五 五

삼생유행 (세 번 태어나는 행운이 있다는 뜻으로) 서로 간에 남다른 인연이 있음을 비유한 말

三	生	有	幸
석 **삼**	날 **생**	있을 **유**	다행 **행**

三 生 有 幸

삼십육계 서른여섯 가지의 꾀, 많은 모계를 이름

三	十	六	計
석 **삼**	열 **십**	여섯 **육**	셀 **계**

三 十 六 計

상하좌우 (위 · 아래 · 왼쪽 · 오른쪽을 이르는 말로) 모든 방향을 이름

上	下	左	右
윗 **상**	아래 **하**	왼 **좌**	오른 **우**

上 下 左 右

생년월일 태어난 해와 달과 날

生	年	月	日
날 **생**	해 **년**	달 **월**	날 **일**

生 年 月 日

생로병사 사람이 나고, 늙고, 병들고, 죽는 네 가지 고통

生	老	病	死
날 **생**	늙을 **로**	병 **병**	죽을 **사**

生 老 病 死

생사고락 삶과 죽음, 괴로움과 즐거움을 통틀어 이르는 말

生	死	苦	樂
날 **생**	죽을 **사**	쓸 **고**	즐거울 **락**

生 死 苦 樂

세계대전 세계적인 규모로 벌어지는 큰 전쟁

世	界	大	戰
인간 **세**	지경 **계**	큰 **대**	싸움 **전**

世 界 大 戰

세계평화 전 세계가 평온하고 화목함

世	界	平	和
인간 **세**	지경 **계**	평평할 **평**	화할 **화**

世 界 平 和

세상만사 세상에서 일어나는 온갖 일

世	上	萬	事
인간 **세**	윗 **상**	일만 **만**	일 **사**

世 上 萬 事

세세손손 대대로 내려오는 자손, 대대손손

世	世	孫	孫
인간 **세**	인간 **세**	손자 **손**	손자 **손**

世 世 孫 孫

시간문제 이미 결과가 뻔하여 조만간 저절로 해결될 문제

時	間	問	題
때 **시**	사이 **간**	물을 **문**	제목 **제**

時 間 問 題

시민사회 신분적으로 구속에 지배되지 않으며, 자유롭고 평등한 개인의 이성적 결합으로 이루어진 사회

市	民	社	會
저자 **시**	백성 **민**	모일 **사**	모일 **회**

市 民 社 會

신문기자 신문에 실을 자료를 수집, 취재, 집필, 편집하는 사람

新 聞 記 者	新 聞 記 者			
새 **신**　들을 **문**　기록할 **기**　놈 **자**				

신토불이 우리 몸과 우리가 태어난 땅은 떨어질 수 없다는 뜻으로 쓰이는 말

身 土 不 二	身 土 不 二			
몸 **신**　흙 **토**　아니 **불**　두 **이**				

십중팔구 열이면 그 가운데 여덟이나 아홉은 그러함

十 中 八 九	十 中 八 九			
열 **십**　가운데 **중**　여덟 **팔**　아홉 **구**				

안심입명 하찮은 일에 흔들리지 않는 경지

安 心 立 命	安 心 立 命			
편안 **안**　마음 **심**　설 **입**　목숨 **명**				

애국애족 나라와 민족을 아낌

愛 國 愛 族	愛 國 愛 族			
사랑 **애**　나라 **국**　사랑 **애**　겨레 **족**				

야생동물 산이나 들에서 저절로 자라는 동물

野 生 動 物	野 生 動 物			
들 **야**　날 **생**　움직일 **동**　물건 **물**				

약용식물 약으로 쓰거나 약의 재료가 되는 식물

藥 用 植 物	藥 用 植 物			
약 **약**　쓸 **용**　심을 **식**　물건 **물**				

연중행사 해마다 일정한 시기를 정하여 놓고 하는 행사

年 中 行 事	年 中 行 事			
해 **연**　가운데 **중**　다닐 **행**　일 **사**				

요산요수 산과 물을 좋아한다는 것으로, 즉 자연을 좋아함

樂	山	樂	水
좋아할 **요**	메 **산**	좋아할 **요**	물 **수**

樂 山 樂 水

월하노인 부부의 인연을 맺어 준다는 전설상의 늙은이

月	下	老	人
달 **월**	아래 **하**	늙을 **노**	사람 **인**

月 下 老 人

이팔청춘 16세 무렵의 꽃다운 청춘

二	八	青	春
두 **이**	여덟 **팔**	푸를 **청**	봄 **춘**

二 八 青 春

인명재천 사람의 목숨은 하늘에 달려 있다는 말

人	命	在	天
사람 **인**	목숨 **명**	있을 **재**	하늘 **천**

人 命 在 天

인사불성 제 몸에 벌어지는 일을 모를 만큼 정신을 잃은 상태

人	事	不	省
사람 **인**	일 **사**	아니 **불**	살필 **성**

人 事 不 省

인산인해 사람이 수없이 많이 모인 상태를 이르는 말

人	山	人	海
사람 **인**	메 **산**	사람 **인**	바다 **해**

人 山 人 海

인해전술 우수한 화기보다 다수의 병력을 투입하여 적을 압도하는 전술

人	海	戰	術
사람 **인**	바다 **해**	싸움 **전**	재주 **술**

人 海 戰 術

일구이언 (한 입으로 두 말을 한다는 뜻으로) 한 가지 일에 대하여 말을 이랬다저랬다 함을 이르는 말

一	口	二	言
한 **일**	입 **구**	두 **이**	말씀 **언**

一 口 二 言

일문일답 한 번 물음에 대하여 한 번 대답함

一	問	一	答	一	問	一	答				
한 **일**	물을 **문**	한 **일**	대답 **답**								

일심동체 (한마음 한 몸이라는 뜻으로) 서로 굳게 결합함을 이르는 말

一	心	同	體	一	心	同	體				
한 **일**	마음 **심**	한가지 **동**	몸 **체**								

일일삼성 하루에 세 가지 일로 자신을 되돌아보고 살핌

一	日	三	省	一	日	三	省				
한 **일**	날 **일**	석 **삼**	살필 **성**								

일일삼추 하루가 삼 년처럼 길게 느껴짐

一	日	三	秋	一	日	三	秋				
한 **일**	날 **일**	석 **삼**	가을 **추**								

일자천금 (한 글자에 천금의 가치가 있다는 뜻으로) 아주 빼어난 글자나 시문(詩文)을 비유하여 일컫는 말

一	字	千	金	一	字	千	金				
한 **일**	글자 **자**	일천 **천**	쇠 **금**								

일장일단 일면의 장점과 다른 일면의 단점을 통틀어 이르는 말

一	長	一	短	一	長	一	短				
한 **일**	길 **장**	한 **일**	짧을 **단**								

일조일석 (하루 아침과 하루 저녁이란 뜻으로) 짧은 시일을 이르는 말

一	朝	一	夕	一	朝	一	夕				
한 **일**	아침 **조**	한 **일**	저녁 **석**								

입신출세 사회적으로 높은 지위에 오르거나 유명해짐

立	身	出	世	立	身	出	世				
설 **입**	몸 **신**	날 **출**	인간 **세**								

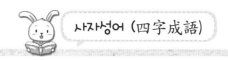

자문자답 스스로 묻고 스스로 대답함

自 問 自 答
스스로 **자** 물을 **문** 스스로 **자** 대답 **답**

自 問 自 答

자생식물 산이나 들, 강이나 바다에서 저절로 나는 식물

自 生 植 物
스스로 **자** 날 **생** 심을 **식** 물건 **물**

自 生 植 物

자손만대 오래도록 내려오는 여러 대

子 孫 萬 代
아들 **자** 손자 **손** 일만 **만** 기다릴 **대**

子 孫 萬 代

자수성가 물려받은 재산이 없이 자기 혼자의 힘으로 집안을 일으키고 재산을 모음

自 手 成 家
스스로 **자** 손 **수** 이룰 **성** 집 **가**

自 手 成 家

자유자재 거침없이 자기 마음대로 할 수 있음

自 由 自 在
스스로 **자** 말미암을 **유** 스스로 **자** 있을 **재**

自 由 自 在

자중자애 자기의 언행을 신중히 하고 제 몸을 스스로 아낌

自 重 自 愛
스스로 **자** 무거울 **중** 스스로 **자** 사랑 **애**

自 重 自 愛

작심삼일 한 번 결심한 것이 사흘을 가지 않음

作 心 三 日
지을 **작** 마음 **심** 석 **삼** 날 **일**

作 心 三 日

작중인물 작품 속에 나오는 인물

作 中 人 物
지을 **작** 가운데 **중** 사람 **인** 물건 **물**

作 中 人 物

전광석화 몹시 짧은 시간

電 光 石 火
번개 **전**　빛 **광**　돌 **석**　불 **화**

電 光 石 火

전심전력 온 마음과 온 힘

全 心 全 力
온전할 **전**　마음 **심**　온전할 **전**　힘 **력**

全 心 全 力

주야장천 밤낮으로 쉬지 아니하고 연달아

晝 夜 長 川
낮 **주**　밤 **야**　길 **장**　내 **천**

晝 夜 長 川

지상천국 세상에서 이룩되는 다시 없이 자유롭고 풍족하며 행복한 사회

地 上 天 國
땅 **지**　윗 **상**　하늘 **천**　나라 **국**

地 上 天 國

집소성대 작은 것이 모여 큰 것을 이룸, 티끌 모아 태산

集 小 成 大
모을 **집**　작을 **소**　이룰 **성**　큰 **대**

集 小 成 大

천만다행 아주 다행함

千 萬 多 幸
일천 **천**　일만 **만**　많을 **다**　다행 **행**

千 萬 多 幸

천상천하 (하늘 위와 하늘 아래라는 뜻으로) 온 세상을 이르는 말

天 上 天 下
하늘 **천**　윗 **상**　하늘 **천**　아래 **하**

天 上 天 下

천지신명 천지의 조화를 주재하는 온갖 신령

天 地 神 明
하늘 **천**　땅 **지**　귀신 **신**　밝을 **명**

天 地 神 明

천하제일 세상에 견줄 만한 것이 없이 최고임

天 下 第 一
하늘 **천**　아래 **하**　차례 **제**　한 **일**

天 下 第 一

청천백일 하늘이 맑게 갠 대낮

青 天 白 日
푸를 **청**　하늘 **천**　흰 **백**　날 **일**

青 天 白 日

청풍명월 맑은 바람과 밝은 달

清 風 明 月
맑을 **청**　바람 **풍**　밝을 **명**　달 **월**

清 風 明 月

초가삼간 작은 초가를 이르는 말

草 家 三 間
풀 **초**　집 **가**　석 **삼**　사이 **간**

草 家 三 間

초록동색 이름은 다르나 따지고 보면 한 가지 것이라는 말

草 綠 同 色
풀 **초**　푸를 **록**　한가지 **동**　빛 **색**

草 綠 同 色

초식동물 풀을 자주 먹고 사는 동물

草 食 動 物
풀 **초**　먹을 **식**　움직일 **동**　물건 **물**

草 食 動 物

춘하추동 봄 · 여름 · 가을 · 겨울의 네 계절

春 夏 秋 冬
봄 **춘**　여름 **하**　가을 **추**　겨울 **동**

春 夏 秋 冬

토목공사 땅과 하천 따위를 고쳐 만드는 공사

土 木 工 事
흙 **토**　나무 **목**　장인 **공**　일 **사**

土 木 工 事

특별활동 학교 교육 과정에서 교과 학습 이외의 교육 활동

特	別	活	動	特 別 活 動				
특별할 **특**	다를 **별**	살 **활**	움직일 **동**					

팔도강산 (팔도의 강산이라는 뜻으로) 우리나라 전체의 강산을 이르는 말

八	道	江	山	八 道 江 山				
여덟 **팔**	길 **도**	강 **강**	메 **산**					

팔방미인 (어느 모로 보나 아름다운 사람이란 뜻으로) 여러 방면에 능통한 사람

八	方	美	人	八 方 美 人				
여덟 **팔**	모 **방**	아름다울 **미**	사람 **인**					

풍월주인 좋은 경치를 관람하는 주인공

風	月	主	人	風 月 主 人				
바람 **풍**	달 **월**	주인 **주**	사람 **인**					

표음문자 문자에서 한 자 한 자가 의미를 나타내지 않고 소리를 나타내는 것 (한글은 표음 문자임)

表	音	文	字	表 音 文 字				
겉 **표**	소리 **음**	글월 **문**	글자 **자**					

표의문자 한자(漢字)처럼 한 자 한 자가 모두 뜻을 나타내는 문자

表	意	文	字	表 意 文 字				
겉 **표**	뜻 **의**	글월 **문**	글자 **자**					

하등동물 진화 정도가 낮아 몸의 구조가 단순한 원시적인 동물

下	等	動	物	下 等 動 物				
아래 **하**	무리 **등**	움직일 **동**	물건 **물**					

행방불명 간 곳이나 방향을 모름

行	方	不	明	行 方 不 明				
다닐 **행**	모 **방**	아니 **불**	밝을 **명**					

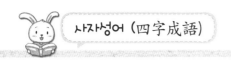

형형색색 모양과 종류가 다른 여러가지

形	形	色	色
모양 **형**	모양 **형**	빛 **색**	빛 **색**

形 形 色 色

화력발전 불의 힘으로 전기를 일으킴

火	力	發	電
불 **화**	힘 **력**	필 **발**	번개 **전**

火 力 發 電

화조월석 꽃피는 아침과 달뜨는 저녁, 경치가 썩 좋은 때를 일컫는 말

花	朝	月	夕
꽃 **화**	아침 **조**	달 **월**	저녁 **석**

花 朝 月 夕

훈민정음 (백성을 가르치는 바른 소리라는 뜻으로) 1443년에 세종이 창제한 우리나라 글자를 이르는 말

訓	民	正	音
가르칠 **훈**	백성 **민**	바를 **정**	소리 **음**

訓 民 正 音

한자쓰기

- 어문회 한자 쓰기
- 진흥회 한자 쓰기
- 진흥회 한자어 쓰기

部
떼/거느릴 부

| 部 떼/거느릴 부 | | | |

族
겨레 족

| 族 겨레 족 | | | |

戰
싸움 전

| 戰 싸움 전 | | | |

果
실과 과

| 果 실과 과 | | | |

勝
이길 승

| 勝 이길 승 | | | |

利 이할 리(이)			
使 하여금/ 부릴 사			
郡 고을 군			
界 지경 계			
通 통할 통			

利
이할 리(이)

使
하여금/ 부릴 사

郡
고을 군

界
지경 계

通
통할 통

路
길 로(노)

路 길 로(노)			

勇
날랠 용

勇 날랠 용			

圖
그림 도

圖 그림 도			

畫
그림 화

畫 그림 화			

美
아름다울 미

美 아름다울 미			

術 재주 술			

術
재주 술

音 소리 음			

音
소리 음

樂 즐길 락(낙)			

樂
즐길 락(낙)
노래 악
좋아할 요

神 귀신 신			

神
귀신 신

童 아이 동			

童
아이 동

題
제목 제

題 제목 제			

目
눈 목

目 눈 목			

英
꽃부리 영

英 꽃부리 영			

才
재주 재

才 재주 재			

作
지을 작

作 지을 작			

交
사귈 교

交
사귈 교

感
느낄 감

感
느낄 감

親
친할 친

親
친할 친

愛
사랑 애

愛
사랑 애

失
잃을 실

失
잃을 실

意
뜻 의

意
뜻 의

死
죽을 사

死
죽을 사

別
다를/나눌 별

別
다를/나눌 별

苦
쓸 고

苦
쓸 고

行
다닐 행/ 항렬 항

行
다닐 행/ 항렬 항

太
클 태

太 클 태			

陽
볕 양

陽 볕 양			

綠
푸를 록(녹)

綠 푸를 록(녹)			

樹
나무 수

樹 나무 수			

清
맑을 청

清 맑을 청			

風
바람 풍

| 風 바람 풍 | | | |

溫
따뜻할 온

| 溫 따뜻할 온 | | | |

度
법도 도/헤아릴 탁

| 度 법도 도/헤아릴 탁 | | | |

雪
눈 설

| 雪 눈 설 | | | |

野
들 야

| 野 들 야 | | | |

光
빛 광

明
밝을 명

石
돌 석

油
기름 유

形
모양 형

球
공 구

根
뿌리 근

本
근본 본

銀
은 은

永
길 영

球
공구

根
뿌리 근

本
근본 본

銀
은은

永
길 영

半
반 반

半 반 반			

角
뿔 각

角 뿔 각			

區
구분할/지경 구

區 구분할/지경 구			

分
나눌 분

分 나눌 분			

消
사라질 소

消 사라질 소			

京
서울 경

強
강할 강

弱
약할 약

遠
멀 원

近
가까울 근

放
놓을 방

放 놓을 방			

線
줄 선

線 줄 선			

多
많을 다

多 많을 다			

發
필 발

發 필 발			

短
짧을 단

短 짧을 단			

對
대할 대

對 대할 대			

向
향할 향

向 향할 향			

共
한가지/함께 공

共 한가지/함께 공			

省
살필 성/ 덜 생

省 살필 성/ 덜 생			

南 남녘 남	南 남녘 남			
内 안 내	内 안 내			
年 해 년(연)	年 해 년(연)			
東 동녘 동	東 동녘 동			
同 한가지 동	同 한가지 동			
名 이름 명	名 이름 명			

文 글월 문	文 글월 문			
方 모 방	方 모 방			
夫 지아비 부	夫 지아비 부			
北 북녘 북	北 북녘 북			
西 서녘 서	西 서녘 서			
夕 저녁 석	夕 저녁 석			

少	少			
적을 소	적을 소			

外	外			
바깥 외	바깥 외			

正	正			
바를 정	바를 정			

弟	弟			
아우 제	아우 제			

主	主			
주인 주	주인 주			

靑	靑			
푸를 청	푸를 청			

寸
마디 촌

寸 마디 촌			

向
향할 향

向 향할 향			

加熱(가열): 어떤 물질에 열을 가함

加熱 가 열	加熱 가 열			

器具(기구): 세간이나 연장, 또는 조작이 간단한 기계나 도구

器具 기 구	器具 기 구			

觀察(관찰): 사물이나 현상을 주의하여 자세히 살펴봄

觀察 관 찰	觀察 관 찰			

物體(물체): 구체적인 형태를 가지고 있는 것

物體 물 체	物體 물 체			

發明(발명): 아직까지 없던 기술이나 물건을 새로 생각하여 만들어 냄

發明 발 명	發明 발 명			

實驗(실험): 실제로 경험하거나 시험함

實驗 실 험	實驗 실 험			

安全(안전): 위험하지 않음

安 全	安 全			
안 전	안 전			

問題(문제): 해답을 요구하는 물음

問 題	問 題			
문 제	문 제			

配列(배열): 일정한 차례나 간격에 따라 벌여 놓음

配 列	配 列			
배 열	배 열			

分離(분리): 서로 나뉘어 떨어짐

分 離	分 離			
분 리	분 리			

溫度(온도): 따뜻함과 차가움의 정도

溫 度	溫 度			
온 도	온 도			

化學(화학): 물질의 성질과 구조, 다른 물질과의 반응 등을 연구하는 학문

化 學	化 學			
화 학	화 학			

混合物(혼합물): 여러 가지가 뒤섞여서 이루어진 물건

混合物	混合物			
혼 합 물	혼 합 물			

着陸(착륙): 비행기 따위가 공중에서 활주로나 판판한 곳에서 내림

着 陸	着 陸			
착 륙	착 륙			

賞品(상품): 상으로 주는 물품

賞 品	賞 品			
상 품	상 품			

一周(일주): 일정한 경로를 한 바퀴 돎

一 周	一 周			
일 주	일 주			

周邊(주변): 어떤 대상의 둘레

周 邊	周 邊			
주 변	주 변			

苦悶(고민): 마음속으로 괴로워하며 속을 태움

苦 悶	苦 悶			
고 민	고 민			

恭遜(공손): 말이나 행동이 겸손하고 예의 바름

恭遜	恭遜			
공 손	공 손			

儉素(검소): 사치하지 않고 꾸밈없이 수수함

儉素	儉素			
검 소	검 소			

無關心 (무관심): 관심이나 흥미가 없음

無關心	無關心			
무 관 심	무 관 심			

反省(반성): 자신의 언행에 잘못이 없는지 돌이켜 봄

反省	反省			
반 성	반 성			

實踐(실천): 생각한 바를 실제로 행함

實踐	實踐			
실 천	실 천			

友愛(우애): 형제간 또는 친구 간의 사랑이나 정분

友愛	友愛			
우 애	우 애			

役割(역할): 자기가 마땅히 해야 할 맡은 바 임무

役割	役割			
역 할	역 할			

最善(최선): 가장 좋고 훌륭함 또는 그런 일

最善	最善			
최 선	최 선			

孝道(효도): 부모를 잘 섬기는 도리

孝道	孝道			
효 도	효 도			

和睦(화목): 서로 뜻이 맞고 정다움

和睦	和睦			
화 목	화 목			

이야기로 배우는
신나는
급수한자
6급
한자 카드

部

族

戰

果

勝

利

使

郡

겨레  족

떼/거느릴 부

한자 카드 만들기

완성된 한자 카드에
고리를 연결하고,
여러 가지 연습이나
게임에 활용한다.

이길 승

실과 과

싸움 전

고을 군

하여금/부릴 사

이할 리/이

界 通 路

勇 圖 畫

美 術 音

길 로/노

통할 통

지경 계

그림 화

그림 도

날랠 용

소리 음

재주 술

아름다울 미

樂 神 童

題 目 英

才 作 交

아이 동

귀신 신

즐거울 락/낙
노래 악
좋아할 요

꽃부리 영

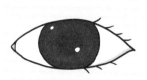

눈 목

제목 제

사귈 교

지을 작

재주 재

感　親　愛

失　意　死

別　苦　行

사랑 애

친할 친

느낄 감

죽을 사

뜻 의

잃을 실

다닐 행/항렬 항

쓸 고

다를/나눌 별

太 陽 綠

樹 清 風

溫 度 雪

푸를 록/녹

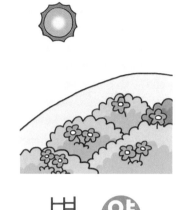

볕 양

클 태

바람 풍

맑을 청

나무 수

눈 설

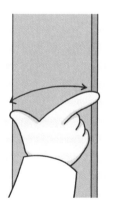

법도 도/헤아릴 탁

따뜻할 온

野　光　明

石　油　形

球　根　本

밝을 명

빛 광

들 야

모양 형

기름 유

돌 석

근본 본

뿌리 근

공 구

銀	永	半
角	區	分
消	京	强

반 반

길 영

은 은

나눌 분

구분할/지경 구

뿔 각

강할 강

서울 경

사라질 소

弱　　遠　　近

放　　線　　多

發　　短　　對

가까울 근

멀 원

약할 약

많을 다

줄 선

놓을 방

대할 대

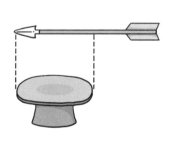

짧을 단

필 발

向　共　省

살필 성/덜 생  한가지/함께 공  향할 향

한자어 카드

加熱	器具	觀察	物體
發明	實驗	安全	問題
配列	分離	溫度	化學
混合物	着陸	賞品	一周
周邊	苦悶	恭遜	儉素
無關心	反省	實踐	友愛
役割	最善	孝道	和睦

물체	관찰	기구	가열
문제	안전	실험	발명
화학	온도	분리	배열
일주	상품	착륙	혼합물
검소	공손	고민	주변
우애	실천	반성	무관심
화목	효도	최선	역할